Angela Sendlinger

Dem guten Leben auf der Spur

Angela Sendlinger

Dem guten Leben auf der Spur

Sinn und Erfüllung in der Lebensmitte

KREUZ

© KREUZ VERLAG
in der Verlag Herder GmbH, Freiburg im Breisgau 2015
Alle Rechte vorbehalten
www.kreuz-verlag.de

Umschlaggestaltung: Sabine Kwauka
Umschlagfoto: © shutterstock

Satz: de·te·pe, Aalen
Herstellung: CPI books GmbH, Leck

Printed in Germany

ISBN 978-3-451-61363-0

Für meine Eltern

Inhalt

Vorwort

Die Frage nach dem Sinn ist so alt wie die Menschheit und so neu und aktuell wie nie. Sinnerfüllung ist für das Menschsein zentral und zugleich in unserer Zeit mehr denn je gefährdet, das Gefühl der Sinnlosigkeit entsprechend häufig anzutreffen. Eigentlich paradox, denn wir leben in einer Welt der Fülle, ja des Überflusses, zumindest wenn wir an weite Teile der westlichen Bevölkerung denken. Wir haben mehr Möglichkeiten und Freiheiten als frühere Generationen und bleiben dennoch am gedeckten Tisch hungrig zurück. Denn auch, wenn unsere materiellen Bedürfnisse schnell und weitgehend befriedigt werden können, bleibt der Hunger nach Sinn bestehen – nach einem Zusammenhang zwischen uns und dem, was uns umgibt, womit wir uns beschäftigen und mit wem wir zu tun haben, nach Bedeutung und Beziehung. So ist aus einer individuellen Sinnfrage längst eine kollektive geworden. Sie stellt sich schon verstärkt einer jungen Generation, jener von Unternehmen so stark umworbenen Generation der Millennials, die zwischen 1982 und 1995 geboren wurden. Fakt ist, dass für diese Generation – oder zumindest den Großteil ihrer Vertreter – eines ganz entscheidend ist für die Lebensplanung: Arbeit und Leben müssen Sinn stiften.

Doch was ist Sinn? Wie ist er zu verwirklichen in unserer Arbeitswelt, aber auch im Privaten? Was gehört dazu, damit wir von einem sinnvollen Leben sprechen können? Was nicht? Und wie wird aus einem Leben ein gutes Leben, ein gelingendes, ein sinnvolles und nicht zuletzt erfülltes? Denn Sinn und Erfüllung scheinen ganz wesentlich zu einem guten Leben zu gehören.

Während die Generation Y den Sinn von vornherein einfordert, wird die Frage nach dem Sinn und dem guten Leben in jener Lebensphase, die schon von jeher dafür prädestiniert war, besonders drängend: in der Lebensmitte. Dann nämlich, wenn die Endlichkeit des Lebens bewusst wird. Wenn auf einmal klar wird, dass wir zwar im Prinzip mehr Möglichkeiten als je zuvor haben, unsere Lebenszeit aber dennoch begrenzt ist und wir nicht alle Optionen ausschöpfen können. Schon gar nicht, wenn wir zudem spüren, dass für manches die Zeit vorbei, die Kräfte zu gering sind. Wenn dazu noch Umbrüche in der Biografie kommen, wie sehr häufig in dieser Lebensphase, wenn Jobverlust, Trennung oder der Tod der Eltern die Routine des Alltags erschüttern, ist sie unausweichlich, die Frage nach dem Sinn. Nach dem, was da noch kommen soll im Beruflichen und Privaten, was verwirklicht wurde und was nicht. Was noch an Träumen offen ist, an Bedürfnissen und an Sehnsüchten. Denn häufig wird uns in dieser Phase bewusst, dass unsere Wege oft anders verlaufen sind, als wir uns das erhofft hatten. Dann stellen wir fest, dass wir vielleicht Karriere gemacht, Erfolg gehabt, eine Familie gegründet haben, aber trotzdem innerlich leer sind, unausgefüllt und unzufrieden. Dass der Sinn fehlt, dass wir nicht mehr wissen, wer wir eigentlich sind und was wir wirklich wollen. Dass wir uns selbst vielleicht verloren haben auf dem Weg.

An diesem Punkt setzt das vorliegende Buch an: Es wirft einen Blick auf die Lebensmitte, in der die Fragen nach dem Sinn und nach dem guten Leben verstärkt ins Zentrum der Aufmerksamkeit rücken. Es werden jene Ebenen beleuchtet und hinterfragt, auf denen der Sinnverlust einsetzen kann: unsere Umgebung mit unserem materiellen Besitz, ebenso unser Zeitverhalten, unsere Beziehungen, unsere Arbeit und Fähigkeiten, unsere Werte und Prioritäten, unsere Identität und unsere Vision. Es geht vor allem immer wieder um die Grundfragen: Wie soll ich leben und handeln? Was kann ich selbst dafür tun, damit mein Leben gelingt?

Am Ende jedes Kapitels finden sich daher Leitfragen und Handlungsimpulse für all jene, die konkret an ihren Lebensthemen arbeiten wollen. Sie stellen ein Angebot und eine Hilfe dar, individuell abzuklopfen, in welchem Bereich in unserem Leben Handlungsbedarf besteht, was wir selbst tun und wie Lösungswege aussehen können.

Was Sinn bedeutet und was ein gutes Leben ausmacht, ist für jeden etwas anderes. Spürbar wird ein gutes Leben, wenn wir das Gefühl haben, alle wichtigen Bereiche sind in einer gesunden Balance, wenn unser Leben für uns passt, wenn es stimmig ist. Sinn ist, um es mit dem Philosophen Wilhelm Schmid zu sagen, das »Glück der Stimmigkeit« (Wilhelm Schmid, Glück, S. 47). Und auch ein gutes Leben ist ein Leben der Stimmigkeit auf allen Ebenen. Daher ist dieses Buch mehr ein Frage-, denn ein Antwortbuch. Es gibt kein Patentrezept oder die allgemeingültige Lösung für jeden – und es wäre vermessen, diesen Anspruch zu stellen –, was das Buch aber leisten kann, ist, eine Anleitung zur Reflexion, eine Hilfestellung zur Lösungsorientierung anzubieten. Und es appelliert an uns, die Wahlmöglichkeiten, die wir haben, auch zu nutzen. Denn wir haben eine Wahl: Auch wenn in der Lebensmitte die Möglichkeiten nicht mehr unbegrenzt zur Verfügung stehen, auch wenn wir ohnehin nicht alle Optionen ausschöpfen können, auch wenn wir den Umständen und den Rahmenbedingungen, in denen wir uns bewegen,

Rechnung tragen müssen. Wir haben gleichwohl noch die Möglichkeit der Wahl, und sei es, unsere Einstellung zu verändern – unsere Haltung dem Leben gegenüber.

Warum sich all diese Fragen stellen? Nun: Jeder Mensch braucht Sinn zum Leben, wie er Nahrung und Schlaf braucht. Sinn ist ein menschliches Grundbedürfnis, und wenn er uns abhandenkommt, fühlen wir uns nicht wohl. Sinn gehört zu einer hohen Lebensqualität und damit zu einem guten Leben jenseits materieller Vorstellungen, zu einem gelingenden Leben, das ganz entscheidend vor allem von zwei Bereichen getragen wird: unserer Arbeit und unseren Beziehungen. Es macht also buchstäblich Sinn, sich die eine oder andere Frage zu stellen, zu erkunden, wie wir wieder einen Zusammenhang herstellen können zwischen uns und dem, was unser Leben ausmacht, zu ergründen, was für uns dazugehört, damit wir sagen können: Es ist ein gutes Leben, ein gelingendes und ein glückliches.

Bis hierher – und wie weiter?

Geschichten, die das Leben schreibt – sechs Fallbeispiele

Hubert K. (45)

Seit Monaten kursierten bereits Gerüchte über einen Verkauf der Firma an einen großen Konzern. Auch dass es personelle Veränderungen geben würde, war klar, als es tatsächlich zum Verkauf kam, doch dass es ausgerechnet ihn treffen würde, hätte Hubert K. (45) nie gedacht. Seit 15 Jahren war er für die Firma buchstäblich Tag und Nacht im Einsatz gewesen, war nach Düsseldorf gezogen, hatte ein funktionierendes Team aufgebaut und ein Marketingkonzept nach dem anderen auf den Tisch gelegt, Produkte gelauncht und Strategien ersonnen. Hatte Erfolg gehabt und gutes Geld verdient. Hatte auf der Überholspur gelebt. Hatte seinen Einsatz und sein Engagement nie hinterfragt und sich in Sicherheit gefühlt. Selbst als bekannt war, dass Stellen gestrichen würden, wähnte er sich sicher.

Und nun das. Hubert K. war völlig vor den Kopf geschlagen. Klar, die Abfindung, die man ihm angeboten hatte, war mehr als großzügig bemessen. Hinzu kam, dass man ihn sofort freigestellt hatte und noch sechs Monate das Gehalt weiterbezahlt wurde. Aber nun saß er da in seinem schicken, großen Loft mit Blick auf die Dächer Düsseldorfs und fühlte sich wie herauskatapultiert aus dem Hamsterrad, in dem er bis vor einer Woche noch gern selbst das Tempo gesteigert hatte.

Leistung war sein Prinzip gewesen. Und Schnelligkeit. Und nun schien die Zeit plötzlich angehalten worden zu sein. Da war nichts und niemand, der die Leere füllen konnte, die sich plötzlich auftat. Kein Meeting, das den Tag strukturierte, kein Druck, keine Termine, keine Aufgabe. Eine Stadt, die ihm nichts bot – keine Freunde, keine Familie, keine Entspannung. Einmal mehr haderte er damit, aufgrund seines Jobs in Düsseldorf gelandet zu sein, während seine Familie und Freunde allesamt in München saßen. Was tat er hier eigentlich? War er überhaupt jemals in dieser Stadt angekommen, heimisch geworden? Alles schien ihm fremd.

Huberts Lebensgefährtin war noch in der Arbeit und würde erst am Abend zurückkommen, müde und geschafft von ihrem Job in der Versicherung, aber mit dem guten Gefühl, ihren Beitrag geleistet zu haben. Und er? Was war mit ihm? Seit einer Woche konnte er keinen klaren Gedanken fassen, zu tief saß der Schock. Doch so konnte es nicht weitergehen. Klar, er hatte seinen Job verloren. Aber war das alles? War da nicht noch mehr? Was lag ihm an seiner Wohnung, seinem neuen Auto, den vielen Reisen, dem Luxus, der ihn umgab? Was hatte er davon? Was davon brauchte er wirklich?

Er hatte erreicht, was er erreichen wollte, hatte Karriere gemacht und Erfolg gehabt. Alles war nach Plan verlaufen. Doch was war das für ein Plan? Was hatte ihm das alles gebracht? Hubert konnte sich jeden Wunsch erfüllen, konnte sich an materiellen Dingen alles leisten, wonach ihm der Sinn stand, aber die Wirkung hielt nie lange vor. Dann kam ihm der letzte Urlaub auf den Malediven, die neue Digitalkamera, die Tauchausrüstung für teures Geld schon wieder schal vor. Irgendetwas stimmte nicht mit ihm, schon länger nicht mehr. Was konnte ihn denn noch begeistern? Was interessierte ihn denn wirklich? Was berührte ihn nicht nur oberflächlich? Warum war alles irgendwie flüchtig, vergänglich?

Hubert wusste, dass es an der Zeit war, über sein Leben nachzudenken. Darüber, wie es weitergehen sollte. Darüber, was er eigentlich wollte. Darüber, was er wirklich brauchte, um sich wohlzufühlen in seinem Leben, welche Dinge ihm etwas bedeuteten und welche nicht. Darüber, worum es eigentlich ging in seinem Leben, wo sein Platz war und seine Aufgabe wartete. Und warum er irgendwann den Anschluss an sein Leben verpasst, den Bezug zu allem verloren hatte und zu einem Fremden in seinem Leben geworden war.

Susanne B. (41)

Das hätte ihr nicht passieren dürfen. Nicht schon wieder. Susanne B. (41) wusste, dass sie sich mal wieder hatte provozieren lassen. Aber ihr Kollege in der großen Anwaltskanzlei, in der sie seit vier Jahren arbeitete, brachte sie jedes Mal wieder zur Weißglut. Dass sie ihren Ärger danach dann auch noch an Ulrike, ihrer Assistentin, ausließ, machte die Sache nicht besser. Irgendwann würde ihr Ulrike noch alles vor die Füße werfen. Und jetzt war sie auch noch viel zu spät dran, um rechtzeitig zu ihrem Termin zu kommen. Ihr Leben bestand nur noch aus Druck und Hetze. Manchmal bekam Susanne das Gefühl, die Kontrolle zu verlieren und den Überblick. Die Regie über ihr Leben hatte längst ihr Outlook-Kalender übernommen. Ohne ihn wäre sie aufgeschmissen.

Seit Monaten schleppte sie sich durch die Wochen, schlief schlecht und wurde immer gereizter und dünnhäutiger. Nach außen hin ließ sie sich nichts anmerken und absolvierte gleich einem Soldaten einen Termin nach dem anderen. Pflichtbewusst, korrekt, wie sie nun einmal war.

Doch mit jedem Tag fiel es ihr schwerer zu funktionieren, sich zusammenzureißen und zu konzentrieren. Susanne fühlte sich nur noch müde, antriebslos, ausgelaugt und leer. Alles fiel ihr schwer, alles war ihr lästig und zu viel. Aber das gestand sie sich nicht ein. Und wurde immer fahriger, immer gereizter. Kein Wunder, dass es dauernd zu Auseinandersetzungen kam.

Susanne war bereits auf der Autobahn und musste auf die Tube drücken. Zum Glück gab ihr Wagen das her. Ihre Gedanken begannen zu kreisen. Was war nur mit ihr los? Auch mit ihrem Mann kam es immer öfter zu Streitereien. Mal waren es nichtige Anlässe, mal ging es ans Eingemachte. Susanne war immer stolz gewesen auf ihre Eloquenz. Sie hatte einen scharfen Verstand, aber auch eine scharfe Zunge. Und in letzter Zeit hatte sie sich einfach immer weniger im Griff. Das war auch schon ihrer besten Freundin aufgefallen. Auch mit Beate war es zu einer heftigen Auseinandersetzung gekommen, als sie beide für ein Wellnesswochenende verreist waren und Susanne es nicht schaffte, runterzukommen und sich zu entspannen. An allem und jedem hatte sie etwas auszusetzen. Nichts war ihr recht, nichts gut genug, niemand konnte ihre Erwartungen erfüllen. Das war die Botschaft, die von Beate kam.

Susanne schaute auf die Uhr und überlegte, noch einmal zu beschleunigen, aber der immer dichter werdende Regen erschwerte die Sicht und so musste sie wohl oder übel ihre Geschwindigkeit drosseln. Sie würde zu spät kommen, aber das half jetzt alles nichts. Sie rief bei ihrem Mandanten an und entschuldigte sich für die Verspätung, dann versuchte sie sich wieder aufs Fahren zu konzentrieren. Aber wieder ging ihr Kopfkarussell los und führte ihr die Konflikte der letzten Zeit schonungslos noch einmal vor Augen. So kann das alles nicht weitergehen, war der letzte

Gedanke, an den sie sich erinnern konnte. Danach sah sie nur noch die Bremslichter der Fahrzeuge vor sich und stieg ihrerseits voll auf die Bremse. Den Aufprall bekam sie nicht mehr richtig mit.

Als sie am späten Abend in der Klinik aufwachte, tat ihr alles weh und ihr rechtes Bein hing in einer Schiene, ihr Hals wurde von einer Krause gestützt. Was war passiert? Sie war gereizt gewesen, hatte sich geärgert, war zu spät dran für den letzten Termin des Tages – und sie war auf der Autobahn. Susanne bekam es mit der Angst zu tun. Sie klingelte nach der Schwester und verlangte nach dem Arzt. Als er ging, sank sie erleichtert und erschöpft zurück in ihr Kissen. Dann kamen die Tränen, die gar nicht mehr aufhören wollten. Sie hatte ein Riesenglück gehabt. Außer einem Beinbruch, zwei gebrochenen Rippen, einem Schleudertrauma und etlichen Prellungen und Blutergüssen war ihr nichts passiert. Das alles tat weh, aber es würde wieder werden. Sie müsste nur Geduld haben und sich schonen.

Und nachdenken, fügte sie für sich im Stillen hinzu, als der Arzt das Zimmer verließ. Unglaubliche Erleichterung machte sich in Susanne breit, aber mehr noch Scham und eine große Traurigkeit. So konnte es wirklich nicht bleiben. Sie musste herausfinden, was in ihrem Leben nicht stimmte, warum sie alle um sich herum mit ihrem Verhalten vor den Kopf stieß. Früher war sie doch auch nicht so gewesen. So hart, so unerbittlich, so harsch im Ton. So gehetzt und getrieben. So fremdbestimmt. Und gleichzeitig so unendlich müde und freudlos. So ausgelaugt. Früher hatte sie Freude gehabt an dem, was sie tat, und ihr Leben mit ihren Freunden, ihrem Mann und ihrer Familie genossen. Doch das war lange her. Vielleicht war es ganz gut, dass sie jetzt buchstäblich aus dem Verkehr gezogen war und eine Zwangspause einlegen musste. Dann hatte sie

Zeit, den Dingen mal auf den Grund zu gehen. Und die Chance, herauszufinden, was ihr wirklich fehlte.

Irina L. (43)

Hätte man Irina L. (43) vor einem Jahr gefragt, hätte sie auf die Frage »Bist du glücklich?« ohne großes Nachdenken mit einem klaren Ja geantwortet. Seit 20 Jahren war sie mit ihrer Jugendliebe Thomas verheiratet, sie hatten ein Haus im Grünen, zwei wunderbare Kinder, die langsam flügge wurden, und ein gutes Leben ohne große Katastrophen. Das sollte doch reichen zum Glück, oder? Es hatte auch gereicht bis vor ein paar Monaten. Oder zumindest hatte Irina das gedacht. Bis ihr aufgefallen war, dass Thomas immer später nach Hause kam und immer einsilbiger wurde. »Zu viel Stress in der Arbeit«, hieß es auf ihre Nachfragen. Und wenn sie mehr darüber wissen wollte, wiegelte Thomas unwirsch ab. Er wolle nicht auch noch am Abend über den Job reden. Irina hielt sich zurück, schwieg, versuchte, ihm etwas Gutes zu tun, machte ihre Gefühle und Gedanken mit sich alleine aus. Die Kinder bekamen ohnehin nichts mit. Leon war nach dem Abitur ausgezogen und studierte in Heidelberg und Anna war mit ihren fast 17 Jahren bis über beide Ohren verliebt und hatte keinen Sinn für ihre Umwelt.

Und Irina? Sie hatte ihren Job in der Apotheke, den sie vor zwei Jahren aufstocken konnte, um das Haus schneller abzubezahlen. Die Kinder waren ja aus dem Gröbsten heraus und das Geld konnten sie gut gebrauchen. Spaß machte ihr der Job nicht, schon lange nicht mehr. Er forderte sie nicht, langweilte sie sogar immer öfter. Aber es konnte nicht immer alles Spaß machen. Es war eben so, und im Grunde konnte sie ja froh sein, dass sie den Job hatte, auch wenn sie am Abend nicht so recht wusste, was sie da den ganzen lieben langen Tag gemacht hatte. Irina dachte nicht groß darüber nach. Dafür hatte sie das Haus und vor allem den Garten, dem ihre ganze Leidenschaft galt, ihre Kräuterbeete und die Stauden, den Hund und ein paar Freundinnen aus der Zeit, als ihre Kinder noch klein waren. Die Freunde aus der Jugendzeit und aus der Zeit ihrer Ausbildung waren längst aus ihrem Blickfeld verschwunden. Das war bisher nicht weiter schlimm – doch nun spielte all das und noch viel mehr eine Rolle.

Denn ihr Mann Thomas, den sie kannte und liebte, seit sie 16 war, bei dem sie sich geborgen und sicher und versorgt gefühlt hatte, hatte ihr erklärt, dass er sich verliebt habe. Noch einmal ganz von vorn anfangen wolle. Glücklich sein wolle – mit einer anderen Frau. Und aus dem gemeinsamen Haus ausgezogen war. Da war Irina klar geworden, dass sie schon viel zu lange die Augen zugemacht hatte. Dass der Alltag wie eine dicke Staubschicht auf ihrem Leben lag. Dass sie nicht hinsehen wollte, was mit ihrem Leben passiert war. Nicht erkennen wollte, was aus ihren Träumen geworden war.

Ein schales Gefühl stellte sich bei Irina ein: Alle waren ihren Weg gegangen, hatten ihre Ziele verfolgt – und sie? Was war aus ihr geworden? Aus ihren Talenten und Fähigkeiten? Was hatte sie aus ihrem Leben gemacht? Früh geheiratet und Kinder bekommen, den Beruf und sich selbst dafür zurückgestellt. Nach der Ausbildung zur Pharmazeutisch-technischen Assistentin war nicht mehr viel gekommen. Irina hatte sich damit abgefunden und einfach weitergemacht, ohne lange darüber nachzudenken. Der Mittelpunkt ihres Lebens war ja die Familie gewesen. Aber die zerbrach gerade. Was sollte sie jetzt mit den Bruchstücken ihres Lebens anfangen? Wie sollte es weitergehen? Wie gelähmt war sie noch immer und doch spürte sie, wie immer mehr Fragen auftauchten, die ihr keine Ruhe mehr ließen. Es hatte sich etwas verändert, und es war Zeit, dass auch sie selbst sich veränderte und die Zügel in die Hand nahm. Es war Zeit, dass sie anfing, ihr eigenes Leben zu leben. Sich darüber klar zu werden, was sie eigentlich wollte und was ihr überhaupt noch Freude machte. War nicht alles irgendwie Routine geworden? Der Job, die Familie, ja vielleicht auch ihre Ehe? Irina wurde klar, dass es höchste Zeit wurde für eine Bestandsaufnahme – sich zu überlegen, wofür sie noch brannte im Leben.

Nina M. (48)

Nina M. (48) fiel es schwer, jeden Morgen aufzustehen und sich für den Tag bereit zu machen. Es fiel ihr schwer, etwas zu essen, sich für ihren Job in der Bank schick zu machen, es fiel ihr schlichtweg schwer, ihre tägliche Routine aufrechtzuerhalten und zu funktionieren, wie sie es all die vielen Jahre getan hatte. 48 war sie vor zwei Monaten geworden. War sie auch da schon so müde gewesen wie heute? Oder war die Müdigkeit ein Ableger des Todes? Seit ihre Mutter vor drei Wochen gestorben war, quälte sie sich durch ihre Tage und Nächte. Fragte sich jeden Tag, was sie da eigentlich tat. Und warum sie es tat. Sie fragte sich, ob das alles gewesen sein sollte. Und was das Leben denn eigentlich ausmachte. Und was speziell ihr Leben ausmachte. Was sie bewegte, was nicht. Was ihr wichtig war und was nicht. Und warum sie sich immer weniger wohlfühlte in ihrem Job bei der Bank.

Nina war sich bewusst, dass sie nicht erst seit drei Wochen, als ihre Mutter nach langen Jahren des Leidens endlich ihren Frieden fand, diese bohrenden Fragen in sich spürte. Sie waren nur lauter geworden, drängender.

Angefangen hatte es im Grunde vor vier Jahren, als ihr Vater eines Tages vom Tennisspielen kam, was er, obwohl knapp über 70, immer noch leidenschaftlich gern tat. Das Spiel an diesem Vormittag habe ihn irgendwie angestrengt, sagte er seiner Frau, er wolle sich noch ein bisschen auf die Terrasse setzen, bis das Mittagessen fertig sei, dann ginge es schon wieder. Als Ninas Mutter eine Viertelstunde später aus der Küche nach ihm rief, kam keine Antwort. Es kam nie wieder eine. Ninas Vater war mit einem Herzinfarkt zusammengebrochen, der Notarzt konnte nur noch seinen Tod feststellen. Fassungslos waren alle gewesen. Ninas Mutter, ihre Schwester Helena und sie selbst. Plötzlich war nichts mehr so, wie es einmal war. Von einem Moment auf den anderen hatte sich alles verändert.

Und doch hatte Nina weitergemacht. Nach außen hin. Hatte sich um ihre Mutter gekümmert, ihren Job erledigt, war ihren Hobbys nachgegangen. Hatte Freunde getroffen und sich abgelenkt. Die Ablenkungen hatte sie auch immer mehr gebraucht, ebenso wie die vielen kleinen Belohnungen bei Shoppingtouren oder bei den Städtereisen, die sie gerne unternahm. Nina packte immer mehr in ihr Leben, um nichts zu verpassen. Schließlich konnte das Leben von einem Tag auf den anderen vorbei sein. Und doch spürte sie, dass ihr das alles nicht reichte. Dass ihr Leben immer stumpfer wurde. Hatte das auch mit ihrem Job in der Bank zu tun? Das Geschäft wurde immer schwieriger, die Anforderungen immer höher. Die Vorgaben, die sie von Jahr zu Jahr bei ihren Zielgesprächen bekam, machten ihr zunehmend zu schaffen. Da wurden ihr Dinge abverlangt, die Unbehagen hervorriefen. Wollte sie so mit ihren Kunden umgehen? War das richtig? Aber letztlich hatte sie keine Wahl, wenn sie ihren Job nicht riskieren wollte. Denn Entlassungen gab es immer häufiger unter den Kollegen. Da musste sie dranbleiben. Und dann war da noch die Sorge um ihre Mutter, die den Tod des Vaters nur schwer verkraftete.

Nina tat, was sie tun konnte. Nach außen hin. Doch in ihr nagte etwas seit jenem Sommertag im Juli, als ihr Vater gestorben war. Die Erkenntnis, dass das Leben endlich ist, jedes Leben – auch ihr eigenes. Dieses eine Leben, von dem wir wissen. Wie es also füllen? Wie es leben? Was war wichtig? Was nicht? So laut diese Fragen am Anfang in Nina tönten, so vehement hatte sie sie doch zurückgedrängt, als Ninas Mutter ein Jahr später einen Schlaganfall hatte und pflegebedürftig wurde. Nina und ihre Schwester konzentrierten sich auf das Praktische, sorgten für alles, was die Mutter brauchte, und waren sich doch mehr und mehr bewusst, dass sie auch von ihr Abschied nehmen mussten. Vor drei Wochen war es dann soweit gewesen. Und seitdem wich keine der Fragen mehr aus Ninas Kopf. Seitdem half keine Ablenkung mehr. Seitdem fühlte sich Nina nur noch müde. Vielleicht war es Zeit, sich all den Fragen zu stellen. Herauszufinden, was das Leben war. Herauszufinden, wie Nina es leben wollte. Herauszufinden, was wirklich zählte, wirklich wichtig war.

Holger S. (44)

Es war ein sonniger Frühlingstag, Mittwoch, der 22. Mai. Den Tag würde Holger S. (44) nie vergessen. Montags und dienstags war er in München gewesen, von dort mit seinem Chef weitergeflogen nach Berlin, wo sie ein großes Vertriebsprojekt, auf das Holger monatelang hingearbeitet hatte, unter Dach und Fach gebracht hatten. Endlich hatten sie den Zuschlag erhalten und die Verträge unterzeichnet. Holger konnte stolz sein auf sich und war es auch. Aber er war auch müde. Die Anspannung der letzten Stunden, Wochen, Monate saß ihm förmlich in den Knochen. Wieder und wieder war der Schmerz durch Holgers Rücken gezuckt. Irgendetwas stimmte nicht mehr mit seinem

Rücken. Schon lange nicht mehr. Seit dem letzten Skiurlaub in den Schweizer Alpen ließ sich der vorher nur sporadisch auftretende Schmerz kaum noch leugnen. Aber Holger hatte ihn niedergekämpft und Tabletten geschluckt. Keine Zeit, zum Arzt zu gehen. Nicht jetzt. Nicht, solange das Projekt nicht in trockenen Tüchern war. Nach sechs Stunden Meeting und nachlassender Wirkung der Tablette, hatte Holger den Schmerz kaum mehr unterdrücken können. Zum Glück war der Tag nun absehbar. Nur noch der Flug nach Frankfurt, kurz ins Büro und dann nach Hause.

Zu Hause angekommen, war es dann passiert: Ein höllischer Schmerz hatte seinen Körper durchzuckt, hatte ihn aufschreien lassen. Und dann war er nicht mehr hochgekommen. Holgers Frau Anita hatte ihn mit Müh und Not ins Schlafzimmer geschafft. Als die Schmerzen auch nach einer halben Stunde nicht nachgelassen hatten, hatte sie den Notarzt gerufen. Noch in der Nacht war die Diagnose festgestanden: ein akuter Bandscheibenvorfall. Die Ärzte hatten Holger gleich in der Klinik behalten.

Das war vor gut eineinhalb Wochen gewesen. Nun packte Anita die Koffer für Holger, der auf Reha geschickt werden sollte. Er selbst musste sich noch schonen. Bücken, heben ging gar nicht, lange sitzen oder stehen ebenfalls nicht. Zumindest war Holger aber soweit wieder hergestellt, dass er in den nahegelegenen Taunus ins Rehazentrum gelangen konnte.

Wie es weitergehen sollte? Holger hatte keine Ahnung. Er konnte doch nicht fehlen. Was würde aus seinen Kunden werden? Wer sollte die Arbeit auffangen, wenn er hier tatenlos herumlag? Zu den Rückenschmerzen war Schlaflosigkeit gekommen, nicht nur wegen der Schmerzen, sondern weil Holger sich Sorgen machte. Und immer häufiger Fragen stellte. Weil er sich fühlte, als sei er aus Raum und

Zeit gefallen. Einfach so. Und dass sein Leben vielleicht nie wieder so sein würde wie vor dem 22. Mai. Etwas hatte sich verändert, und es würde sich vielleicht noch mehr ändern. Was ging überhaupt noch? Was nicht mehr? Holger wusste nicht, ob ihm diese Gedanken gefielen. Aber er hatte keine Wahl, er musste sie zulassen. Und er musste sich auch eingestehen, dass er längst nicht mehr selbst über sein Leben bestimmte. Wusste er eigentlich noch, was er wollte? Was ihn ausmachte? Wer er war? Oder war er nur eine Marionette in einem Spiel, in dem andere die Fäden in der Hand hielten? Klar, er hatte den Erwartungen entsprochen – denen seiner Eltern, die so stolz darauf waren, wie ihr Sohn Karriere machte, denen seiner Familie, der er ein sorgenfreies Leben bieten wollte, und auch seinen eigenen, die ihn Jahr für Jahr weitermachen ließen. Und so hatte er sein Team und sich selbst angetrieben, wie die Firma das wollte, hatte Erfolge eingefahren und sich doch immer schlechter dabei gefühlt. Wo war er selbst bei all dem geblieben? War er sich treu geblieben? Oder hatte er sich irgendwo auf seinem Weg verloren? Den Holger, der einst Träume hatte, Sehnsüchte und Ideale? Was war davon noch übrig?

Hatte Anita vielleicht recht, als sie vor Kurzem zu ihm gesagt hatte: »Manchmal kenne ich dich gar nicht mehr. Was ist aus dem Mann geworden, in den ich mich mal verliebt habe? Der genießen konnte und Spaß am Leben hatte, der genau wusste, was er wollte und seine Ziele anpackte. Jetzt weiß ich manchmal nicht mehr, wer du bist.« Dieses Gespräch ging Holger immer wieder durch den Kopf. Wusste er selbst noch, wer er war? Was machte ihm denn überhaupt noch Spaß? Was ging ihm noch unter die Haut? Was beschäftigte ihn wirklich, was bewegte ihn? Wofür lebte er? Vor ihm lagen ein paar Wochen der Regeneration. Vielleicht sollte er sie auch dafür nutzen, über all das nachzudenken.

Uli A. (54)

Das Leben, das Uli A. (54) führte, war ihm buchstäblich in den Schoß gefallen. Und es war ein gutes Leben, ein leichtes. So wirkte es zumindest auf die, die die Fakten kannten. Uli war der Spross einer Familie von Textilfabrikanten und führte das Traditionsunternehmen, das ein paar hundert Mitarbeiter beschäftigte, in dritter Generation. Sie produzierten solide, mit hoher Qualität, hatten stets in die Firma und in neueste Technologie investiert, sich nicht übernommen und klug gewirtschaftet. Und so hatte sich der Familienbetrieb gut etabliert und seine Stellung am Markt gesichert. Klar hatte es Krisen gegeben, aber sie waren gemeistert worden, weil immer genügend Rücklagen da waren und das Wohl der Mitarbeiter und der Firma stets das Handeln der Inhaber gelenkt hatte.

Als erstgeborener Sohn war niemals zur Debatte gestanden, was aus Uli werden sollte. Er war sich seiner Verantwortung und seiner Aufgabe bewusst, war früh in die Firma einbezogen worden und hatte Spaß an seinen Aufgaben gefunden. Auch das Leben in der Provinz lag ihm. So konnte er sein geliebtes Hobby, das Reiten, pflegen, den riesigen Garten, der zu seinem Haus gehörte, und die Natur genießen. Seine Frau, die er schon seit Studienzeiten kannte, teilte diese Leidenschaften mit ihm und stand ihm mit Rat und Tat zur Seite, wenn er sich mit beruflichen Fragen herumschlug. Sie waren ein gutes Team und sich immer noch zugetan. Die drei Kinder waren aus dem Gröbsten heraus und Ulis Sohn, der gerade 24 geworden war, hatte sein Studium bereits beendet und sammelte Berufserfahrung bei einer großen Modefirma. Vor allem aber zeigte er Bereitschaft, auch in vierter Generation die Firma fortzuführen. Es war also alles so, wie es sein sollte. Und doch: Irgendetwas versetzte Uli seit einiger Zeit in Unruhe. Immer öfter war er nicht bei der Sache, wenn er in der Firma war. Immer öfter starrte er einfach nur ins Leere. Er konnte nicht genau sagen, was es war und wann es begonnen hatte, aber irgendetwas nagte an ihm. Irgendetwas beschäftigte ihn. Ließ ihn immer öfter wach liegen und grübeln. Es gab da eine Leere in seinem Leben, die der Wohlstand um ihn herum nicht füllen konnte. War es nur der in ein paar Monaten anstehende 55. Geburtstag? Oder steckte mehr dahinter?

Wenn er mit seiner Stute über die Wiesen ritt und die frische Luft tief einatmete, fühlte er sich frei und eins mit sich, aber immer öfter ertappte er sich dabei, dass er sich fragte: War das nun alles? Was kommt da noch? Was ist der Sinn in meinem Leben? Habe ich etwas aus meinem Leben gemacht? Habe ich das Richtige getan? Und war ich wirklich mit vollem Herzen dabei? Oder nur, weil man es so von mir erwartet hat? Habe ich wirklich gelebt? War ich glücklich? Und was bedeutet Glück eigentlich?

Oft genug schalt er sich dann undankbar. Es fehlte ihm ja rein äußerlich an nichts: Er hatte ein Leben in Wohlstand und Sicherheit, ein harmonisches Familienleben, alle waren gesund und Uli liebte seine Aufgabe. Was also war es dann? Was fehlte ihm? Wonach sehnte er sich? Welche Stimme in ihm rief da? Was wollte sie ihm sagen? Wohin wollte sie ihn führen? Woher er kam, war Uli stets bewusst gewesen, doch wohin ging seine Reise? Was würde er über sein Leben sagen wollen, wenn er alt wäre? Was über sich? Wäre sein Leben gelungen? Wäre er zufrieden mit sich? Im Reinen mit sich und der Welt? Uli hatte da so seine Zweifel.

Immer mehr verspürte er den Drang, sich auf die Suche zu begeben. Herauszufinden, was ihm fehlte, herauszufinden, wie es in seinem Leben wieder Sinn und Freude geben konnte. Dafür war es nie zu spät, aber es war höchste Zeit.

War's das jetzt? Oder: Die Zeit steht still

Meist ist es ein Tag wie jeder andere, an dem etwas geschieht, das unser Leben verändert, an dem die Zeit plötzlich stillzustehen scheint. Auf einmal nicht mehr rast. Es ist vielleicht nur ein Moment, der alles verändert. Ein Ereignis, das uns innehalten lässt, uns herausnimmt aus dem Getriebe des Lebens um uns herum. Das uns aufrüttelt und spüren lässt, dass etwas anders ist als zuvor, uns zeigt, dass etwas nicht mehr stimmt – in unserem Job, in unserem Alltag, in unseren Beziehungen. Vielleicht sind es nur äußere Dinge, vielleicht aber ist es auch mehr.

Nein, es ist mehr, wenn wir genauer hinsehen. Wenn wir durch ein äußeres Ereignis gezwungen sind, hinzusehen. Oder, weil die innere Stimme in uns immer lauter wird, sodass sie durch keine Ablenkung mehr zu übertönen ist. Eine Stimme, die uns fragt: Was machst du hier eigentlich? War's das jetzt? Wie soll es weitergehen? Was willst du eigentlich? Und nicht zuletzt: Wer bist du? Und was ist der Sinn in alledem?

Nein, dann wird uns klar: Es sind nicht nur äußere Verluste, die wir zu beklagen haben, es ist ein Stück von uns, etwas in unserem tiefsten Inneren, das uns im Laufe der Jahre abhandengekommen ist. Wir selbst sind uns möglicherweise verloren gegangen, das, was uns im Grunde ausmacht. Unser Selbst, nicht unser Ich, scheint davon betroffen zu sein. Unser inneres Wesen, das unsere höchste Instanz darstellt, in seinem Kern unveränderbar ist und doch verschüttet werden kann unter dem Staub des Alltags. Haben wir uns nicht oder zu wenig beachtet, aus den Augen verloren, vernachlässigt?

Wir haben unser Ich gepflegt, unser Ego poliert, sind unseren Weg gegangen, erwachsen geworden, haben gelernt und gearbeitet, nach Erfolg, Geld und Karriere gestrebt, eine Familie gegründet, ein Haus gebaut, eine Fassade errichtet. Doch wo sind wir dabei geblieben? Wo unsere Gefühle und Bedürfnisse? Unsere Wünsche und Träume? Unsere Sehnsüchte? Unsere Ideale? Unsere wahren Ziele? Dass wir etwas verloren, verleugnet oder verraten haben, dass etwas oder auch etwas mehr in unserem Leben nicht stimmt, merken wir oft genug erst, wenn wir in eine Krisensituation geraten wie Hubert, Nina oder Susanne. Wenn wir erkennen, dass das Leben endlich ist, dass der Zenit erreicht oder vielleicht auch schon überschritten ist. Dass wir die Lebensmitte erreicht haben und uns fragen: Was kommt da noch? Wollen wir das, was wir tun, auch noch für den Rest unseres Lebens tun?

Dabei reicht die Lebensmitte durchaus von 40 bis 60. Unsere Lebenserwartung ist im Gegensatz zu früheren Generationen weit höher, ein Alter von über 80 oder gar 90 Jahren keine Seltenheit mehr. Da lohnt es sich, den Blick auch jenseits der 45, 50 oder 55 nach vorne zu richten. Bilanz zu ziehen: Wo stehe ich? Was habe ich erreicht? Was nicht? Was will ich (noch)? Was nicht mehr? Was hat sich verändert in meinem Leben? Und was will ich selbst verändern? Worum geht es mir denn eigentlich? Wie will ich leben?

Denn mit den äußeren Umständen, mit dem sozialen Umfeld, mit den Phasen, die wir im Laufe unseres Lebens durchschreiten, ändern sich auch unsere Zielvorstellungen und Prioritäten. Darauf gründet die weitverbreitete Theorie der Lebenszyklen oder Lebensperioden: Demnach durchlaufen wir alle sieben Jahre ein neues Stadium unserer persönlichen Entwicklung, befinden uns mal in stabilen, mal in Umbruchphasen. Und ändern unseren Blickwinkel, unsere Wichtigkeiten.

C. G. Jung gilt als einer der großen psychoanalytischen Vordenker der Lebensmitte. Sein Modell der zwei Lebensphasen, wonach der Mensch in der ersten Lebenshälfte sich stärker auf das Außen konzentriere und sich in der zweiten Lebenshälfte mehr nach innen wende, ist in seiner Absolutheit sicher zu einfach, dient dennoch aber als Grundlage für modifizierte Modelle, die zunächst eine Ausrichtung des Menschen nach außen, dann, nach einem Wendepunkt, nach innen und schließlich wieder nach außen sehen. Zum Leben gehört beides: eine jenseits des Egoismus liegende Beschäftigung mit sich selbst und eine auf die Gemeinschaft ausgerichtete Begegnung mit anderen.

Gail Sheehy beispielsweise definiert drei charakteristische Lebensphasen: das vorläufige Erwachsenenalter (18 bis 30 Jahre), das erste Erwachsenenalter (30 bis 45 Jahre) und das zweite Erwachsenenalter (45 bis 85 Jahre oder älter). Für sie bietet die dritte Lebensperiode mehr Chance als Krise: In der Regel hat man vieles erreicht, weiß, wo man steht und was man kann. Dann ist es Zeit, sein Leben auch konsequent danach auszurichten. Dann ist es Zeit, dass man sich dem eigenen Selbst und all den Fragen stellt, die sich jetzt aufdrängen, und sich auf den Weg zur Selbsterkenntnis macht. Dass man sich auseinandersetzt mit der eigenen Biografie, den eigenen Bedürfnissen und Gefühlen, sich aber auch auseinandersetzt mit der eigenen Haltung dem Leben gegenüber und unseren Rollen, die wir täglich spielen.

Doch seien wir ehrlich: Wer denkt schon freiwillig über sein Leben nach? Reflektiert sein Handeln und Tun? Das passiert meist erst, wenn wir in unserer Komfortzone gestört werden und eine Krise, ein Einschnitt im Leben, ein Wendepunkt uns aufrütteln. Erst dann lenken wir den

Blick auf die Fragen, die uns weiterbringen, erst dann begeben wir uns auf die Suche nach uns selbst. Erst, wenn unsere Sicherheit erschüttert ist, Unruhe sich einstellt und der Schmerz eines Verlustes sich breitmacht. Dann nehmen wir wahr, dass diese Fragen längst in uns schlummern. Dass vielleicht sie die Ursache sind für die latente Unzufriedenheit und Unruhe, die uns immer wieder und immer öfter plagt. Die wir aber verdrängt haben im Getriebe der Tage, die untergegangen sind zwischen Terminen und Aktivitäten, zwischen all dem, was uns wichtiger schien. Bis, ja, eben bis das Leben uns für einen Moment herausnimmt aus dem Hamsterrad und innehalten lässt. Dann beginnt sie, die Suche nach den Antworten, die Suche nach den Ursachen und Gründen, die Suche nach uns selbst.

Sehr häufig gibt es solche Wendepunkte in der Lebensmitte. Sie kommen nicht von ungefähr. Vieles ist brüchig geworden: Beziehungen und Partnerschaften, die Herkunftsfamilie und die eigene Familie. Weitaus mehr Ehen und Beziehungen gehen nach 20 als nach fünf Jahren auseinander. Gewohnte Strukturen lösen sich auf, wenn die Kinder aus dem Haus gehen. Und die eigenen Eltern? Die einem in jeder noch so schlimmen Krise den Rücken stärkten? Jetzt sind sie es, die alt und gebrechlich sind und unserer Hilfe bedürfen. Oder sich verabschieden von dieser Welt und von uns.

Vieles ist schal geworden: Beruf und Berufung haben nichts mehr gemein, Talente verkümmern, Träume vertrocknen. Allzu sehr hat das Streben nach Karriere unser Leben bestimmt, unseren Weg gelenkt. Hat uns konform gehen lassen mit den Erwartungen, die an uns gestellt wurden. Hat uns aber auch unsere wahren Fähigkeiten und Bedürfnisse vergessen lassen.

Und doch: Im Stillen hegen wir die Hoffnung, vieles wieder oder vielleicht sogar zum ersten Mal finden zu können in unserem Leben. Oft genug setzt dann ein »großes Aufbäumen« ein, wie das der Philosoph Wilhelm Schmid nennt, nach dem Motto: »Das kann doch nicht alles gewesen sein!« (Wilhelm Schmid, Gelassenheit, S. 26) Und oft genug wird dieses Aufbäumen zu einem großen Aufräumen und manchmal auch Abbrechen und Verabschieden: von alten Beziehungen, von alten Tätigkeiten, von alten Mustern. Und mündet in einer Suche nach etwas Neuem, das unser Leben wieder stimmig macht.

Diese Suche braucht vor allem eines: Mut. Denn wenn wir uns aus unserer Komfortzone herausbewegen, verlassen wir unser gewohntes Terrain und stellen unser Leben auf den Prüfstand. Das ist unsere Chance: Nur dann, wenn wir jetzt schonungslos ehrlich uns selbst gegenüber sind, werden wir auch passende Antworten auf unsere Fragen bekommen. Das kann auch mal wehtun. Aber es lohnt sich, genau hinzuschauen und gleichzeitig bedacht zu handeln: Das Gute zu würdigen, nichts zu überstürzen und nicht alles über Bord zu werfen, sondern zu überlegen und zu prüfen, was uns belastet und was wir loslassen wollen. Abschied zu nehmen und Raum zu schaffen für etwas Neues. Und dann den Blick nach vorn zu richten.

Das alles erfordert Mut und Zuversicht. Und ein Vertrauen auf uns selbst und unsere Stärken. Aber es lohnt sich. Denn es geht um viel, es geht um alles: Es geht um unser Leben. Es geht um ein gutes Leben, das für uns Sinn macht.

Wenn nicht jetzt, wann dann? Oder:
Die Suche beginnt

Da stehen wir also in der Mitte unseres Lebens und oftmals, wie in den meisten unserer Fallgeschichten und im wirklichen Leben, erst einmal vor einer Baustelle. Und fragen uns, wie es weitergehen soll. Wo überhaupt das Ziel liegt und wie es aussieht. Was war es denn, was wir wollten im Leben? Ein Haus, ein Boot, ein Auto? Oder war da noch mehr? Worum ging es uns? Und worum geht es uns heute? Was soll bleiben in unserem Leben und wovon wollen oder müssen wir uns verabschieden? Manche Möglichkeiten schwinden oder sind schon geschwunden. Andere tun sich auf.

Was wir vielleicht ewig vor uns hergeschoben haben, ist jetzt möglich: Uns zu überlegen, was wir wirklich wollen im Leben. Jetzt, da wir zwar anfangs noch im Schockzustand sind, verunsichert und verletzlich, aber vielleicht auch schon erkennen: Vielleicht will das Leben uns eine neue Chance geben. Vielleicht ist an der ganzen Situation ja auch etwas Gutes. Sei es, dass wir aufgewacht und aufgerüttelt sind. Sei es, dass wir plötzlich Zeit haben. Sei es, dass wir nun die Möglichkeit haben, von uns selbst Abstand zu nehmen und uns den Spiegel vorzuhalten. Sei es, dass wir aktiv werden und unser Leben endlich selbst in die Hand nehmen müssen.

Jede Krise ist auch eine Chance. Wir sollten sie nutzen, um eine Bestandsaufnahme zu machen und vielleicht neue Prioritäten in unserem Leben zu setzen, um zu erkennen, dass das Glas nicht halb leer, sondern halb voll ist, dass wir Ressourcen entdecken, von denen wir gar nicht ahnten, dass wir sie haben. Um selbstbestimmt und selbstwirksam zu werden. Gerade in der Lebensmitte. Denn jetzt ist die

Zeit, nicht mehr jeden Kompromiss zu schließen, sondern sich frei zu machen von so manchem Zwang und so mancher Erwartung – der fremden wie der eigenen. Jetzt ist die Zeit, loszulassen, was uns nicht guttut, was überkommen ist und keine Gültigkeit mehr hat für unser Leben. Aber dafür müssen wir erkennen, was wir uns wünschen, wonach wir uns sehnen, was uns guttut und zu uns passt. Und es uns erlauben.

Wenn nicht jetzt, wann dann? Und wenn nicht wir, wer sonst? Wer sonst als wir selbst hätte ein Interesse daran, etwas Neues aufzubauen, etwas, das wirklich zu uns passt? Etwas, das uns wirklich entspricht und Raum gibt. Etwas, das uns das verloren Geglaubte zurückbringt: Freude, Glück, Erfüllung und Sinn.

Wenn nicht jetzt, wann dann haben wir die Chance, die Leere in unserem Leben zu füllen, die sich über die Jahre breitgemacht hat, endlich das zu tun, das wir gerne tun? So zu leben, wie wir wirklich leben wollen. Mit den Menschen, die uns wichtig sind. In einem Umfeld, das zu uns passt. Als der, der wir sind, und als der, zu dem wir stehen. Wenn nicht jetzt, wann dann haben wir die Chance, auf die Suche nach uns selbst zu gehen, das Vakuum zu schließen, das oftmals aus uns selbst kommt?

Es ist Zeit, sich Zeit zu nehmen für diese Suche. Es ist Zeit aufzubrechen zu sich selbst und ehrlich zu sein. Nicht länger vor sich selbst und dem Leben wegzurennen. Es ist Zeit, für sich das gute Leben zu entdecken. Herauszufinden, was das für uns heißt, und es dann auch zu leben. Denn das ist es letztlich, was wir alle wollen: ein gutes Leben, ein gelingendes und sinnvolles und damit auch ein glückliches, ob wir uns dessen schon bewusst sind oder nicht. »Denn Menschen benötigen unaufhebbar einen Sinn dafür, wohin sie sich bewegen sollen und worin ein gutes und sinnvolles Leben besteht, um handlungsfähig zu sein«, so Hartmut Rosa, einer der profiliertesten Soziologen unserer Zeit (Hartmut Rosa, Beschleunigung und Entfremdung, S. 73).

Diesen Sinn gilt es zu finden, um ein gutes Leben führen zu können. Gerade in Krisensituationen. Gerade in der Lebensmitte. Gerade in Zeiten sozialer Beschleunigung. Denn zur individuellen Sinnfrage, die sich jedem im Laufe des Lebens stellt, kommt verstärkt seit geraumer Zeit eine gesellschaftliche Dimension hinzu: Immer mehr versuchen wir in unserem Leben unterzubringen, immer mehr wollen wir erleben, immer mehr wollen wir leisten, um den Anschluss nicht zu verpassen, um zu funktionieren. Doch immer öfter haben wir dabei das Gefühl, entfremdet zu sein, auf der Strecke zu bleiben, unser Selbst dabei zu verlieren. Isoliert zu sein und im Extremfall sogar einsam. Wir richten unser Leben nach den Maßstäben des Perfektionismus und der Optimierung aus, stehen in ständiger Konkurrenz zueinander und hegen und pflegen unseren Individualismus, bis wir immer mehr abgetrennt sind von den anderen und letztlich auch von uns.

Viele Vertreter der Generation Y scheinen begriffen zu haben, dass es so nicht geht. Dass mehr Geld, mehr Erfolg, mehr Funktionieren uns nicht zwangsläufig auch mehr Sinn schenken, mehr Erfüllung, mehr Glück. Für die Millennials ist Sinn nicht erst ein Wunsch, der spät aufkommt, sondern eine grundsätzliche Forderung, die für Arbeit und Leben gilt. Während sich frühere Generationen allzu oft die Formel »Zeit ist Geld« aufs Banner schrieben, gilt nun verstärkt die Maxime »Zeit ist Leben«. Das heißt nicht, dass diese Generation dem Geldverdienen abgeneigt ist – keineswegs, denn sie ist in einem gewissen materiellen Wohlstand aufgewachsen und hat ihre Ansprüche. Aber

Geld ist eben nicht alles, nicht um jeden Preis zu erwirtschaften. Schon gar nicht in einer Zeit, in der nichts sicher ist – kein Arbeitsplatz, keine Familienstruktur, keine Rente.

Den Generationen vor ihnen steht die Sinnfrage also in doppelter Hinsicht vor Augen: aus der eigenen Biografie heraus und aus einem gesellschaftlichen Anspruch. Aber genau darin liegt die Chance für alle: Wenn diese Anspruchshaltung zu einem kollektiven Phänomen wird, wenn das Thema »Sinn« eine so hohe Bedeutung bekommt, besteht auch die Möglichkeit, dass sich wirklich etwas verändert in unserer Arbeits- und Lebenswirklichkeit. Dass es nicht nur um Boni und Incentives geht, um immer krudere Zielvereinbarungen, um Musterkarrieren und Musterleben. An diesem Wendepunkt stehen wir. Wir befinden uns also in großer und guter Gesellschaft. Und so wird aus der individuellen Suche zunehmend eine kollektive, in der es nicht mehr darum geht, mehr Geld und Status zu erringen, sondern mehr Erfüllung und Sinn zu finden. Mehr zu leben.

Was also tun, wenn es so weit ist? Wenn der erste Schock der Krise oder der Erkenntnis, dass es so nicht weitergehen kann, sich gelegt hat? Was tun, um wieder handlungsfähig zu werden? Die Suche verläuft bei jedem etwas anders. Es gilt individuell zu prüfen, wo der Kern des eigenen Problems liegt. Herauszufinden, was das eigene Thema ist. Dafür sollten wir uns Zeit nehmen und Ruhe gönnen und uns dann fragen: In welchem Bereich oder in wie vielen hakt es? Ist es vielleicht das Umfeld, das uns nicht mehr entspricht? Liegt es an unseren Beziehungen zu den Menschen, mit denen wir zu tun haben? Tun wir wirklich das, was wir gern tun und was unseren Talenten entspricht? Wissen wir, was uns wichtig ist, wer wir sind und was uns ausmacht? Kennen wir unsere Aufgabe, den Sinn in unserem Leben und leben auch danach? Vielleicht ist es nur ein Bereich, der aus der Balance geraten ist, vielleicht stellen wir aber auch fest, dass wir immer tiefer gehen müssen, alle Bereiche durchleuchten sollten. Dann gilt es, ein klares Ziel zu definieren. Zu überlegen, was oder wer uns dabei helfen kann, es zu erreichen. Und wenn wir unser Ziel kennen, unbeirrt loszugehen.

Es ist wichtig und richtig, jetzt aktiv zu werden, denn wir sind auf dem Weg zu uns selbst, auf dem Weg zu einem guten Leben. Was immer das für uns im Einzelnen und im Konkreten heißt. Wir haben ein Leben verdient, in dem wir uns wieder wohlfühlen, das es lohnt zu leben und zu lieben, in dem wir sein dürfen, wie wir sind, in dem wir Sinn und Erfüllung finden. Und eine neue Harmonie. Ein Leben, das zu uns passt, das stimmig ist. Das eine neue Lebensqualität jenseits von Konsum und Luxus bereithält. Wer nicht losgeht, wird nie ankommen. Jeder Weg beginnt mit dem ersten Schritt. Auch der zum Selbst. Auch der zu einem guten Leben.

Dem guten Leben auf der Spur

Von der verlorenen Zeit zum rechten Maß – unsere Umgebung und unser Umfeld

Jeder von uns kennt solche Tage: Man verschläft oder steht zu spät auf, kommt nicht in Fahrt und schon gar nicht in den gewohnten Rhythmus. Und fühlt sich fremd in diesem Tag. Der Kontakt mit ihm will sich einfach nicht einstellen. Als läge eine gläserne Wand zwischen dem Jetzt und uns. Als wüsste man nicht mehr, wie man lebt, wie man einen ganz normalen Tag gestaltet. Irgendetwas ist aus der Balance geraten durch eine Kleinigkeit. Es ist nicht weiter schlimm, wenn uns das mal für einen Tag passiert. Was aber, wenn das mit unserem Leben geschieht? Wenn wir plötzlich das Gefühl haben, den Kontakt zu verlieren? Nicht mehr andocken zu können an unserer Umwelt, weil irgendetwas uns aus unserer Routine und unserem Rhythmus gerissen hat? Wenn wir das Gefühl haben, dass uns unsere Umgebung fremd geworden ist, die Dinge um uns herum uns nichts mehr bedeuten. Oder sind wir selbst es, die uns fremd geworden sind?

Dann ist es an der Zeit hinzuschauen, wie wir eigentlich leben. Was unser Leben ausmacht und bestimmt. Wer den Takt angibt und den Rhythmus festlegt. Wie wir unsere Zeit verbringen. Wer und was sie strukturiert und füllt. Was Zeit überhaupt für uns bedeutet. Und was das alles mit uns zu tun hat.

Es gibt viele Situationen, die das auslösen können. Ein

plötzlicher Jobverlust wie bei Hubert K., dem der gewohnte Tagesablauf wegbricht. Eine Krankheit wie bei Holger S., die neue Voraussetzungen schafft, oder ein Unfall wie der von Susanne B., der erst einmal für Stillstand sorgt.

Dann sind wir zunächst mal ausgebremst, müssen runterschalten, die Geschwindigkeit unseres Lebens verlangsamen. Und so manch einer erkennt die Ironie des Schicksals in diesem Moment: Wie oft waren wir gehetzt, getrieben, hatten zu wenig Zeit, waren ständig unterwegs und kamen doch nie an. Spurteten durch unsere Tage, Wochen, Monate und Jahre und fragten uns am Ende: Wo ist sie nur geblieben, die Zeit? Was haben wir aus ihr gemacht? Wie haben wir sie genutzt? Haben wir unsere guten Vorsätze vom letzten Silvesterfest verwirklicht oder sind sie im Getümmel des Alltags wieder einmal klammheimlich unter den Tisch gefallen? Haben wir unsere Ziele verfolgt oder haben wir uns ablenken lassen? Haben wir überhaupt Ziele und wenn ja, sind es die richtigen oder besser gesagt: die wichtigen, die, die uns wirklich voranbringen, die wirklich gut sind für uns? Haben wir genügend Zeit für das, was uns wichtig ist, was wir gern tun? Oder verbringen wir unsere Zeit mit Dingen, die wir zwar erledigen, die aber nicht wesentlich sind für uns? In einer Umgebung, die nicht zu uns passt oder nicht mehr?

Und weil wir das im Grunde spüren, dass wir irgendwie fehl am Platze sind, dass irgendetwas aus dem Ruder läuft und wir Angst haben vor dem Stillstand, der uns zwingen würde hinzuschauen, lenken wir uns erst einmal ab. Stürzen wir uns in Aktivitäten aller Art, stopfen unsere Freizeit ebenso voll wie unsere Arbeitszeit, betäuben uns mit Gütern, die wir glauben besitzen zu müssen – die neuen Designerstiefel, das Hightech-Tablet, die teure Digitalkamera mit allen Schikanen –, um nach kurzer Zeit die Lust daran zu verlieren. Ohne dass wir wirklich einen Bezug zu ihnen hergestellt hätten, ohne dass sie wirklich Bedeutung für uns gewonnen hätten oder einen wahren Wert. Im Gegenteil: Vieles von dem, was wir so angehäuft haben im Frust der Tage, verstellt uns den Blick auf das Wesentliche und lenkt uns ab, bringt uns aber nicht weiter. Aber das erkennen wir erst einmal nicht. Und so hetzen wir weiter durch unsere Tage und häufen an, was wir nicht brauchen, sammeln Erlebnisse aller Art, die uns nichts geben.

Es ist ein Phänomen unserer Zeit, keine Zeit zu haben. Rastlos unterwegs zu sein, ständig verfügbar, immer erreichbar, weltweit vernetzt. Es ist der Preis unserer postmodernen Gesellschaft, der Preis der Globalisierung und Digitalisierung, der Preis der Marktwirtschaft, die längst nicht mehr nur die Märkte, sondern die Menschen beherrscht. Die uns zu Wettbewerbern macht und uns zu ständiger Perfektionierung und Optimierung zwingt: mehr leisten, mehr verdienen, mehr erleben, mehr konsumieren, mehr sich darstellen und vernetzen, mehr sich verkaufen und ausbeuten. Doch bringt uns dieses Mehr auch wirklich mehr? Oder verlieren wir dadurch nicht vielmehr etwas? Die Kontrolle über uns und unsere Zeit, über unsere Ressourcen, über unsere Gesundheit, den Kontakt zu den Dingen um uns herum, zu unserem Inneren und unserem Selbst? Geben wir für den Gewinn von Äußerlichkeit nicht den Verlust von Innerlichkeit preis? Fallen wir dabei nicht der Oberflächlichkeit, der Flüchtigkeit zum Opfer?

Wir leben in einem Zeitalter der Beschleunigung und Entfremdung, wie der Soziologe und Politikwissenschaftler Hartmut Rosa feststellt. Da ist zum einen die technische Beschleunigung, die uns ermöglicht, in immer kürzerer Zeit Dinge zu erledigen und uns damit theoretisch mehr Zeit verschafft. Zum anderen ist da die soziale Beschleunigung, laut Hartmut Rosa eine »Steigerung von Verfallsraten der Verläßlichkeit von Erfahrungen und Erwartungen« (Hartmut Rosa, Beschleunigung und Entfremdung, S. 23f.) und damit eine Verkürzung der Gegenwart. Die Gegenwart, das Jetzt, wird also immer kürzer und knapper, die Ereignisse, die darin Platz finden sollen und müssen, folgen immer schneller aufeinander.

Beschleunigung, das bedeutet nicht zuletzt eine Beschleunigung unseres Lebenstempos, de facto der Wunsch oder Anspruch, die Erwartung oder das Bedürfnis, immer mehr in immer weniger Zeit zu tun, immer mehr in unser Leben hineinzupacken, aus Angst, den Anschluss zu verlieren oder etwas zu verpassen. Unsere knappe Gegenwart immer mehr und immer schneller zu füllen. »Verpassensangst« (Hartmut Rosa, Beschleunigung, S. 13) nennt das Hartmut Rosa folgerichtig so treffend.

Oder wie der Zeitforscher Karlheinz A. Geißler es in einem Interview mit Florian Opitz zum Ausdruck brachte:

Der Mensch wolle eben möglichst auf nichts verzichten. Also lade er sich immer mehr auf. Und dabei merke er nicht, dass darin letztlich die Ursache seiner Zeitnot liege. Der moderne Mensch packe dann drei oder vier Leben in eins und vervielfache Tempo und Pensum aus Angst, das Entscheidende zu verpassen.
(Florian Opitz, Speed, S. 80)

Wir leben nicht mehr nach einer linearen Abfolge, sondern sind parallel und »simultan« unterwegs, wie Geißler das in seinem Buch »Alles hat seine Zeit, nur ich hab

keine« auch nennt.: Wir machen alles schnell und gleichzeitig, damit immer noch mehr in unser Leben passt. Das
Prinzip »Eines nach dem anderen« oder »Schritt für
Schritt« verliert zunehmend seine Gültigkeit, so die Erkenntnis von Karlheinz A. Geißler.

Das kommt den meisten von uns bekannt vor: Wir haben
alle technischen Errungenschaften, um uns das Leben zu
erleichtern und uns Zeit zu sparen, vom Laptop bis zur
Waschmaschine, doch statt die gewonnene Zeit für uns, für
etwas Sinnvolles, für die wirklich wichtigen Dinge oder
Menschen zu verwenden, stopfen wir unsere Zeit voll mit
immer noch mehr Aufgaben und Terminen oder Erfahrungen und Ereignissen, ohne darauf zu achten, ob sie uns
wirklich voranbringen, ob sie wirklich wichtig für uns sind,
ob sie wirklich das sind, was wir wollen. Aus Angst, nicht
mehr dazuzugehören, aus Angst, den Anschluss zu versäumen, aus Angst, Anerkennung einzubüßen, aus Angst,
etwas zu verpassen. Und setzen uns dabei immer mehr unter Zeitdruck, als könnten wir »durch Steigerung der Erleb-
nisrate (…) das eigene Leben erfüllter und erlebnisreicher
(…) machen und eben dadurch ein ›gutes Leben‹ (…) realisieren« (Hartmut Rosa, Beschleunigung, S. 43).

Wir wollen also immer schneller leben. Und wir müssen
immer schneller leben, um uns an die Gesellschaft um uns
herum anzupassen, um mit den immer schneller wechseln-
den Moden und Techniken Schritt zu halten, um dem Verfallen und Veralten zu entgehen. Wir wollen und müssen
immer mehr erleben, immer mehr konsumieren, immer
mehr uns ablenken.

Aber verpassen wir dabei nicht das Entscheidende
schlechthin? Unser Leben? Und ist ein vollgepacktes Leben wirklich ein gutes Leben? Verpassen wir dabei nicht
vielmehr den Anschluss an uns selbst, an unsere Wünsche,

Bedürfnisse und Sehnsüchte? Verstellen wir uns mit all dem vermeintlich Wichtigen nicht die Sicht auf das, was wirklich wichtig ist? Vergessen wir über dem, was wir meinen tun zu müssen, nicht das, was wir eigentlich tun wollen? Denn eigentlich wissen die meisten von uns sehr wohl im Grunde ihres Herzens, was sie gerne tun wollten, wenn sie nur die Zeit hätten. Wie und wo sie gerne leben würden. Und mit wem.

Erst wenn wir, aus welchem Grund auch immer, innehalten und herauskatapultiert werden aus dem Hamsterrad, ist es uns möglich, wie von außen einen Blick auf uns und auf die Hatz unseres Lebens zu werfen. Zu schauen, was wir da eigentlich tun. Wo und wie wir leben. Wie wir unsere Zeit verbringen. Und ob es das ist, was wir wollten oder heute und in Zukunft wollen.

Denn wir haben die Wahl. Auch so eine Krux des postmodernen Lebens. Keine Generation vor uns hatte so viele Wahlmöglichkeiten wie wir, da sind sich Gesellschaftsforscher, Soziologen und Philosophen einig. Nichts ist uns vorbestimmt wie den Generationen vor uns: nicht der Beruf, nicht das Land, nicht die Form, in der wir leben wollen. Ob mit oder ohne Trauschein, ob mit oder ohne Familie, ob an einem oder mehreren Wohnorten, ob in der Stadt oder auf dem Land – wir haben die Wahl. Nur in Ausnahmefällen übernehmen wir den traditionellen Beruf unserer Väter und Vorväter wie Uli A. In der Regel treffen wir unsere eigene Berufswahl. Das schafft ungeahnte Möglichkeiten, unzählige Optionen, öffnet gleichsam Horizonte im Vergleich zu vergangenen Generationen. Und setzt uns gleichzeitig enorm unter Druck, denn mit der Freiheit übernehmen wir die Verantwortung für unser Tun und sind im Zweifelsfalle selbst »schuld«, wenn unser Leben nicht gelingt. Um an dieser Herausforderung nicht zu scheitern, gehört ein Herunterschrauben der eigenen Ansprüche und Erwartungen und ein Akzeptieren möglichen Misslingens mit zum Plan. Dazu gehört ebenso die Einsicht, dass, egal wie viele Freiheiten und Wahlmöglichkeiten wir auch haben, dennoch manches unabänderlich ist, wir nicht über alles die Kontrolle haben, sondern in manchen Situationen einfach nur versuchen müssen, das Beste aus der Sache zu machen und versuchen sollten, auch an schwierigen Konstellationen nicht zu zerbrechen.

In der Vielzahl der Möglichkeiten liegt also auch eine Ambivalenz: Wofür sollen wir uns entscheiden? Was ist richtig? Was ist gut für uns? Ist möglichst viel auch möglichst gut? Manchmal scheint es so, als wollten wir möglichst viele der Optionen abdecken, nicht nur, um das Risiko zu minimieren, etwas zu verpassen, sondern auch, um möglichst nichts falsch zu machen. Dann entsteht der Drang, eben mehr als ein Leben zu leben in der Hoffnung, dass »das Richtige« dann schon für uns dabei ist. Alles anzuhäufen, was sich uns bietet: Geld, materiellen Besitz, Erfolg, Karriere, gekaufte Erlebnisse wie Urlaube, Abenteuer oder sogar Liebe. Doch macht uns all das wirklich glücklich?

Sicher: Ein Shoppingtag, an dem man sich gönnt, was man sich leisten kann, ist für viele ein befriedigendes Ereignis. Demonstriert er doch, dass wir durch unser Geld die Freiheit und die Macht haben, uns zu belohnen mit dem, was uns ins Auge sticht. Doch wie lange hält sie vor, diese Ersatzbefriedigung? Wie lange währt die Freude am neuen Auto? Wie lange die Erholung aus dem Luxusurlaub? Und hat das wirklich noch etwas mit Freiheit zu tun? Oder sind wir längst zu Gefangenen unseres Konsumzwangs geworden? Seien wir ehrlich, denn wir kennen die Antwort. An einem Tag, an dem uns ein geliebter

Mensch verlässt, an dem wir eine Diagnose bekommen, die unser Leben verändert, zählt all das nicht. Dann sitzen wir in unserem schicken Loft wie Hubert K. und finden nichts, was uns erdet. Nichts, das uns das zurückbringt, was uns verloren gegangen ist. Dann geben uns all die materiellen Dinge keinen Halt mehr, denn sie haben keine tiefe Bedeutung für uns, sondern sind letztlich nur Symbole für unseren Status, eine Zierde unseres gehetzten Lebens.

Das heißt nicht, dass wir zu völligen Asketen mutieren, allem Materiellen abschwören und in mönchischer Einfachheit leben sollen. Beileibe nicht. Das läge allzu fern von unserer Lebenswirklichkeit und würde uns von jeder Art von Genuss abschneiden, der schließlich auch zu einem guten Leben dazugehört und uns oftmals kleine Augenblicke des Glücks schenkt. Nein, das ist hier nicht gemeint: Wir *sollen* uns etwas gönnen, was uns lieb und wert ist, was uns Freude macht – und dazu gehören ebenso schöne Dinge wie schöne Erlebnisse. Aber wir sollten uns davon freimachen, *alles* haben und erleben zu wollen, *alles* sein zu können. Wir sollten vielmehr versuchen, das rechte Maß zu finden, *unser eigenes Maß* zu finden, um auch noch schätzen zu können, was uns umgibt. Wir sollten unterscheiden und entscheiden lernen, welche der vielen Möglichkeiten wir wählen und welche wir ausschlagen wollen.

Jede Entscheidung für etwas ist auch eine Entscheidung gegen etwas. Das vergessen wir allzu oft vor der Fülle der Möglichkeiten. So gönnen uns nicht nur das eine, sondern auch das andere. Und wundern uns, dass uns keines von beiden nachhaltig Freude macht. Dass wir keinen Bezug aufbauen zu den Dingen um uns herum, zu den Gegenständen, die unser Leben begleiten, zu dem Ort, an dem wir leben, zu der Stadt, in der wir wohnen, zu den Kollegen, mit denen wir zu tun haben, zu den Menschen, mit denen wir verkehren. Und letztlich verlieren wir den Bezug zu uns selbst. Wissen nicht mehr, wie wir leben wollen, wo und mit wem. So wie Hubert K. Dann ist so eine Situation wie seine ein Glücksfall und eine Chance, denn sie hält die Beschleunigung für eine Weile an und gibt ihm die Möglichkeit, das Standbild zu betrachten: Wo stehe ich in meinem Leben? Wo befinde ich mich? Will ich da sein, wo ich bin oder nicht? Was hat mich bis hierher gebracht und was bringt mich wieder raus aus diesem Tal der Tränen, bringt mich weiter? Dorthin, wohin ich eigentlich will. Dorthin, wo ich glücklich bin. Dorthin, wo das gute Leben auf mich wartet, das zwar nicht *alles* umfasst, aber das für mich Passende.

So eine Situation gibt uns die Chance zu erkennen, dass das gute Leben nicht aus noch mehr Leben besteht, aus noch mehr Erfahrungen und Erlebnissen, noch mehr Dingen, die wir in unser Leben pressen, einem noch schnelleren Hetzen und Jagen. Unsere Chance liegt darin, zu erkennen, dass weniger manchmal mehr ist. Dass vielleicht gerade in der Begrenzung das Glück liegt. Dass es um Qualität geht und nicht um Quantität. Das gilt auch für die Zeit.

Wann haben wir zuletzt im Moment gelebt? Wann nicht zurückgeschaut – oftmals im Zorn oder im Bedauern – oder uns in die Zukunft gewünscht? Wann haben wir es geschafft, uns nicht abzulenken? Ganz bei uns selbst zu sein, die Stille und uns selbst auszuhalten? Die Leere zu ertragen? Und sie dann selbst zu füllen? Wann haben wir zuletzt selbst über unsere Zeit bestimmt? Sie bewusst gestaltet und intensiv erlebt? Selbst unsere »Frei-Zeit« verbringen wir nicht frei, sondern regenerieren uns für die

Arbeit, um dann wieder möglichst viel und möglichst schnell arbeiten zu können, oder versuchen, unser Zeitkonto, das durch unsere Arbeit belastet ist, durch möglichst viele Erlebnisse und Aktivitäten auszugleichen. Für Muße bleibt da keine Zeit. Ja, selbst der Begriff erscheint uns seltsam fremd. Dabei ist Muße die wahrhaft freie Zeit: frei von Sorgen, Nöten, frei von Zwang, dafür frei für Gedanken und frei für die Sinne. Es ist eine Zeit der Ruhe, der Kontemplation, die uns verloren gegangen ist in der Hektik der Zeit. Die wir uns nicht mehr zugestehen im Zeitalter der Effizienz und Produktivität, weil wir sie mit dem Nichtstun verwechseln, und die doch so notwendig ist für uns Menschen, damit wir wieder erkennen, wo wir stehen und wohin wir gehen. Und die uns einen Luxus schenkt, der weit über den von käuflichen Luxusgütern hinausgeht: echten Lebensgenuss.

»Die Muße ist dem trägen Nichtstun nicht benachbart, sondern entgegengesetzt. Sie dient nicht zur Zerstreuung, sondern zur Sammlung. Das Verweilen setzt ein Versammeln der Sinne voraus«, so der chinesische Philosoph Byung-Chul Han (Byung-Chul Han, Duft der Zeit, S. 89).

Zeiten der Muße sind also nicht umsonst, sondern vielmehr nötig, um uns zum sinnlichen Erleben zurückzuführen.

Im Griechischen unterscheidet man zwischen »chronos« und »kairos«. Chronos ist die Zeit, die die Uhr anzeigt, die uns bestimmt, die uns den Takt vorgibt und uns letztlich vereinnahmt. Der wir zumeist folgen und von der wir gelebt werden. Kairos hingegen ist die genutzte Zeit und Gelegenheit, die »gute Zeit«, über die wir selbst bestimmen und die uns im Augenblick verweilen lässt. In der wir bei uns sind. In der wir Tiefe fühlen. In der wir leben.

Wir haben die Wahl. Die Wahl, unser Leben selbst wieder in die Hand zu nehmen, uns nicht mehr nur von »chronos« regieren zu lassen, sondern unseren eigenen Rhythmus zu finden und den Augenblick zu würdigen, Gelegenheiten zu erkennen und beim Schopf zu packen. »Kairos« wieder in unser Leben zu integrieren und der Zeit eine neue Qualität zu verleihen. In welchem Maß wir das tun, bleibt jedem selbst überlassen. Wir sind nicht frei von Zwängen, das steht fest. Es gibt Umstände und Rahmenbedingungen, denen wir Rechnung tragen müssen. Wir leben nicht im luftleeren Raum und auch nicht fernab der Realität. Aber wir müssen uns auch nicht völlig willenlos dem Diktat der Umstände unterwerfen, sondern können versuchen, wieder mehr Herr über unsere Zeit zu werden. Das rechte Maß zu finden und den eigenen Rhythmus. Selbst zu bestimmen, mit welchen unnötigen Aktivitäten wir unseren Alltag vollpacken, was von all den Besitztümern wir brauchen und was nicht. Zu sortieren und zu sondieren, zu prüfen, wozu wir einen Bezug haben und wozu nicht. Ballast abzuwerfen, loszulassen, was uns nur belastet. Das können Dinge sein, auch allzu viele Unternehmungen, das können sogar Menschen sein, die wir nur noch treffen, weil es die Routine so eingerichtet hat, nicht mehr unser Verlangen nach ihnen. Das kann wehtun. Das kann Trennung von alten, schal gewordenen Freundschaften bedeuten, von starr gewordenen Abläufen, von schlechten Angewohnheiten, von Ausflüchten und Ersatzbefriedigungen. Doch das kann auch Erleichterung bringen. Raum für Neues, Raum zum Atmen und zum Leben schaffen. Wir sollten diese Chance nutzen und einmal unser ganzes Umfeld auf den Prüfstand stellen.

Entrümpeln ist der erste Schritt auf dem Weg zum guten Leben. All das zu entfernen, was uns nicht mehr wichtig ist, uns mehr belastet, als dass es uns bereichert. Uns den Blick verstellt und uns einengt. In jedem Bereich unseres Lebens. Erst wenn wir Raum geschaffen haben, können wir uns fragen, wie's denn wäre, wenn es schön wäre, unser Leben. Und gut. Was alles für uns dazugehört. Wie viel wir von allem brauchen. Oder wie wenig. Wie schnell wir gehen wollen oder wie langsam. Wie er aussieht, der Rhythmus unseres Lebens. Wo unser Maß liegt und unser Ziel.

Wir stöhnen und klagen über die Komplexität unseres Lebens. Manchem sind wir ausgeliefert, manchem aber auch nicht. Wir selbst tragen oftmals dazu bei, dass immer noch mehr Dinge Raum einnehmen, dass immer noch mehr Aufgaben, Projekte und Pflichten hinzukommen. Dass wir immer noch mehr Rollen spielen und immer noch mehr Hüte tragen: nicht nur im Job, sondern auch im Freundes- und Bekanntenkreis, im Verein, in der Elterninitiative. Wir selbst können das ändern. Und nur wir selbst. Wir können uns fragen, ob wir uns selbst zu wichtig nehmen und glauben, ohne uns ginge es nicht. Ob wir die äußere Anerkennung für noch mehr Aufgaben und Posten wirklich brauchen. Wir können entscheiden, was wichtig ist und was nicht. Und wir können dafür sorgen, dass all das Überflüssige und Unwichtige keinen Platz mehr hat, dass wir neu gewichten und Prioritäten setzen. Dass wir manche Aktivität zurückfahren oder ganz einstellen. Dass wir nicht immer noch mehr unser Leben überfrachten mit materiellen Dingen ebenso wie mit Erlebnissen und Eindrücken. Dass wir nicht alles mit dem gewohnten Perfektionismus machen. Nicht alles unseren hohen Erwartungen opfern. Dass wir nicht alles dem Prinzip der Maximierung unterwerfen. Dass wir uns vom puren Lustprinzip verabschieden, das auf Dauer doch nur unglücklich macht. Dass wir nicht auf allen Hochzeiten tanzen, dafür aber auf unserer eigenen länger und freudiger. Dass wir unser eigenes Maß finden, wie auch immer es aussieht. Und dass wir uns jetzt die Zeit geben, es durch Versuch und Irrtum herauszufinden.

Wir können unser Leben wieder überschaubar machen. Einfacher. Intensiver. Dann erkennen wir vielleicht auch wieder den Weg, von dem wir abgekommen sind.

Es liegt an uns. Wir sind es, die die Lösung finden können. Diese Aufgabe kann uns keiner abnehmen, denn nur wir können bestimmen, wie viel von allem wir wirklich brauchen. Es gibt keine kollektive Orientierungshilfe, die uns zeigt, wo es langgeht. Es gibt keine gesellschaftlichen oder religiösen Wegmarken mehr, die Werte vorgeben und Orientierung schaffen. Wir sind auf uns gestellt: zu entscheiden, was richtig und wichtig und gut ist, das Ziel und den Weg zu definieren, ist unsere ganz individuelle Sache. Das ist eine Chance, aber auch Verpflichtung und Verantwortung. Uns selbst gegenüber und den Menschen gegenüber, mit denen wir leben. Das schafft Verunsicherung – gerade in Krisenzeiten –, aber eröffnet auch Möglichkeiten. Gerade in der Lebensmitte. Gerade dann, wenn wir erkannt haben, dass das Leben begrenzt und endlich ist. Dass manche Türen zu, andere dafür erst jetzt für uns offen sind. Denn dann wird uns bewusst, was die Beschleunigung in allen Lebensbereichen, die Komplexität und Fülle uns vielleicht beschert haben: eine Entfremdung von uns selbst, von unserem Leben.

Was sollen wir tun? Womit beginnen? Mit einer Bestandsaufnahme zunächst im Außen, dann im Innen, mit einer Überprüfung dessen, was gut ist in unserem Leben und wichtig. Worauf wir nicht verzichten wollen. Was wir bewahren wollen und pflegen. Wir sollten erkennen, was uns nur unnötig belastet, was alles zu viel ist für uns und unser Leben. Wovon wir Abstand nehmen wollen, was wir reduzieren oder gänzlich loslassen wollen.

Wenn wir ankommen wollen im Hier und Jetzt, wenn wir unser rechtes, eigenes Maß finden wollen und unseren eigenen Rhythmus, ist es gut, sich zu versöhnen mit der Situation, in der wir stecken. Dann heißt es anzunehmen, was ist, zu akzeptieren, was schiefgelaufen ist. Durch äußere Umstände oder eigenes Zutun. Dann heißt es, sich selbst auch manches zu verzeihen. Das mögliche Scheitern zu erkennen und sich dafür zu vergeben. Die eigenen Schwächen und Unzulänglichkeiten anzunehmen und sich dafür nicht zu hassen. Großzügig zu sein zu sich und freundlich. Verständnisvoll und liebevoll. Gerade dann, wenn man am Scheideweg steht, sich eine Tür geschlossen hat wie für Hubert K. Dann ist es wichtig, auch zu sich selbst wieder den Kontakt aufzunehmen, sich in seiner Gänze zu akzeptieren, mit allem, was dazugehört. Dann hilft es, nicht alles sein zu wollen, sondern man selbst, mit dem, was man ist und was man kann. Den Perfektionismus sich selbst gegenüber loszulassen und sich Fehler zuzugestehen. Ballast auch im persönlichen Bereich abzuwerfen und allzu hohe Ansprüche an sich über Bord zu werfen und die Erwartungen an sich zurückzuschrauben. Je größer die Erwartungshaltung an unser Leben und an uns selbst ist, desto mehr werden wir von der Realität vor den Kopf gestoßen. Auch hier gilt es, das eigene und rechte Maß zu finden. Nur dann werden wir am Scheitern nicht scheitern, sondern wachsen und reifen. Nur dann werden wir erkennen, wie die eigene Beschaffenheit ist und was daraus entstehen kann. Nicht alles, aber das Passende für uns selbst.

Erst recht in der Lebensmitte. Denn dann kommt es noch mehr darauf an, die Dinge nicht nur richtig zu tun, sondern vor allem die richtigen Dinge zu tun. Wir müssen uns nichts mehr beweisen. Wir dürfen sein, wie wir sind.

Es ist der große Vorteil einer entschleunigten oder auch einer zwangsentschleunigten Situation, gleich der von Hubert K., dass man die Begrenztheit des Lebens besonders intensiv erlebt – im Außen wie im Innen – und dass »die Zeit wieder zum Maßstab des Lebens« wird (Florian Opitz, Speed, S. 280). Es ist der große Vorteil einer entschleunigten Situation, dass wir dann der Entfremdung entgegenwirken können – und endlich die Dinge loslassen, die uns nur belasten, endlich das tun können, was wir tun wollen und wofür uns bislang die Zeit gefehlt hat, endlich den Bezug herstellen zu dem, was uns umgibt, endlich den Raum und den Ort finden, wo wir leben wollen, endlich mit den Menschen Zeit verbringen, die uns wichtig sind, und vor allem endlich den Kontakt zu uns selbst finden.

Eine Bestandsaufnahme des Istzustandes, ein Annehmen unser selbst, ein Loslassen von allem Unnötigen sind die Voraussetzungen dafür. Erst im Außen mit all den Dingen, die uns umgeben, und all den Aktivitäten, die wir so planen. Und dann im Innen mit unseren Bedürfnissen und Wünschen. Dann kommen wir an im Hier und Jetzt, dann laufen wir nicht länger vor uns selbst, vor dem Leben und vor der Endlichkeit davon. Dann docken wir wieder an an allem, was uns umgibt, oder erkennen, was uns stört und was wir ändern wollen.

»Die Frage danach, wie wir leben möchten, ist gleichbedeutend mit der Frage, wie wir unsere Zeit verbringen wollen«, heißt es bei Hartmut Rosa (Hartmut Rosa, Beschleunigung, S. 15). Das gilt für unsere Alltagszeit und unsere Lebenszeit. Wie sieht sie denn aus, unsere Alltagszeit? Welche immer wiederkehrenden Routinen prägen sie? Welche davon sollen bleiben, auf welche können wir getrost verzichten? Wie wollen wir unsere Arbeitszeit gestalten? Wie sieht die Balance aus zwischen Alltagszeit und Lebenszeit? Die Zeit, die wir für unser Dasein haben, für all das, womit wir unsere Zeit verbringen wollen?

Wie viel Zeit bleibt uns, um uns um unsere Gesundheit, um eine ausgewogene Ernährung, viel Bewegung, Erholung und Entspannung zu kümmern? Um unsere Familie, unsere Partnerschaft und unsere Freunde? Und vor allem: Wie viel Zeit bleibt, um uns um Sinn, Erfüllung, unsere Visionen und Pläne, uns um unsere Seele zu kümmern? Wie viel Zeit bleibt für die Muße, die »Zeit des Seins, nicht des Tuns« (Marco von Münchhausen, Wo die Seele auftankt, S. 22)? Für ein gelingendes Leben ist sie wichtig, die Balance zwischen all diesen Bereichen. Da darf über längere Zeit keiner allzu sehr vernachlässigt sein, sonst fühlen wir uns ausgehebelt, leer, einsam, entfremdet oder unglücklich.

Auf Ausgewogenheit zu achten, fällt schwer im Alltag. Eine gewisse Distanz hilft dabei, sich vor Augen zu führen, wo es hakt. Wo unsere Defizite liegen. Worum wir uns wieder mehr kümmern sollten. Dann haben wir die Chance, eine Vorstellung zu entwickeln, was wir brauchen, um eine Balance herzustellen zwischen Alltagszeit und Lebenszeit.

Die Mühe lohnt sich, denn am Ende werden wir die Waage ins Gleichgewicht bringen, unsere innere Mitte finden. Eine neue Harmonie herstellen in dem, was wir tun und wie wir unsere Zeit verbringen. Wir werden ein Gespür entwickeln, welches Tempo für jeden unserer Lebensbereiche angemessen ist, wie viel Energie wir investieren, welche Ziele wir uns stecken wollen und wie wir sie erreichen können. Nicht mit Gewalt und um jeden Preis, sondern ohne unsere Kräfte und Ressourcen zu vergeuden. Dann hat auch unsere Seele eine Chance, wieder zu uns aufzuschließen. Denn wir sind einfach weitergehetzt, getrieben von der Beschleunigung, getrieben von der Eile in uns selbst. Wir haben der Geschwindigkeit um uns herum und unserer mentalen Geschwindigkeit die Zügel an die Hand gegeben und vergessen, dass die Seele langsamer ist, Zeit braucht, um anzukommen. Dass auch unsere Gefühle und Empfindungen Zeit brauchen, um anzukommen.

Wenn wir lernen, uns diese Zeit zu geben, jedem Bereich des Lebens seine angemessene Geschwindigkeit, seinen Raum und seinen Rhythmus, seine Bedeutung und seinen Wert beizumessen, das rechte, für uns richtige Maß zu finden, dann können wir Körper, Geist und Seele wieder in Einklang bringen. Dann können wir auch wieder den Kontakt zu uns herstellen, zu den Dingen um uns herum.

Dann entdecken wir sie wieder, die Liebe zu den Dingen, an denen Erinnerungen und Träume hängen, zu denen, die wir schön finden, zu denen, die uns das Leben leichter machen und auf die wir nicht verzichten wollen. Dann erkennen wir auch, dass Geld kein Selbstzweck ist, sondern sinnvoll verwendet, durchaus Sinn stiften kann, uns Freiheiten schenkt und Möglichkeiten. Dann loten wir auch aus, wie viel davon wir wirklich brauchen. Nicht zu viel und nicht zu wenig. Und wie die Balance zwischen Zeit und Geld für uns aussehen soll. Was uns letztlich wichtiger ist und in welchem Maß wir Zeit und Geld brauchen, um gut zu leben. Dann lernen wir wieder, den wahren Wert der Zeit und der Dinge zu schätzen. Und sind uns nicht länger fremd inmitten unserer Umgebung, sondern finden uns wieder im Außen.

Die Frage lautet nicht: Was alles müssen wir noch konsumieren, erleben, kaufen, erreichen und erringen für ein gutes Leben – und wie schnell? Die Frage lautet vielmehr: Wie viel von allem ist gut für ein gutes Leben und »wie viel Geschwindigkeit ist gut« (Hartmut Rosa, Beschleunigung und Entfremdung, S. 145)?

Das gute Leben lässt sich weder an der Menge noch an der Geschwindigkeit festmachen, aber vielleicht daran, sich zuallererst etwas zurückzuerobern, was uns abhandengekommen ist: Zeitsouveränität. Herr zu sein über die eigene Zeit, die Alltagszeit und die Lebenszeit.

Dann bekommen nicht nur die Dinge wieder eine Seele, dann werden Ereignisse auch wieder zu Erfahrungen. Dann entschwinden sie nicht länger wie Rauch durch den Kamin, dann erfahren wir auch wieder Dauer und Bedeutung. Dann bleibt etwas, das wir nicht vergessen und das fortan zu unserem Leben gehört. Dann bekommen Erlebnisse wieder Substanz und werden zu Erinnerungen. Dann schrumpft sie nicht mehr, die Gegenwart, wie Hartmut Rosa es beschreibt, sondern dehnt sich wieder aus, wird erfahrbar, erlebbar, begreifbar mit allen Sinnen. Und gewinnt Sinn. Dann haben wir auch vielleicht nicht länger das Gefühl, die Zeit rinne uns wie Sand durch die Finger oder beginne »an beiden Enden zu rasen« (Hartmut Rosa, Beschleunigung, S. 233). Dann haben wir vielleicht auch wieder das Gefühl zu leben und nicht gelebt zu werden.

Darum also geht es in einem ersten Schritt: um eine Bestandsaufnahme. Es geht darum, Äußeres gegen Inneres, Besitz gegen Ballast, Geld gegen Zeit, Sinn gegen Vergeudung abzuwägen. Bilanz zu ziehen und uns darüber bewusst zu werden, wie wir unsere Zeit verbringen wollen. Anzukommen in der Gegenwart, im Augenblick, die Situation anzunehmen, wie sie ist. Und auch uns selbst in all unserer Verunsicherung und Verletzlichkeit und unserer Unzulänglichkeit. Uns zuzugestehen, dass wir an einem Wendepunkt sind und auf der Suche. Es geht darum, Zeit und damit Raum zu gewinnen, den eigenen Rhythmus zu finden und das rechte Maß. Sich wieder Muße zu erlauben und das Verweilen im Augenblick. Und den Taktstock wieder selbst in die Hand zu nehmen. Der Zeit nicht mehr hinterherzulaufen, sondern anzukommen im Hier und Jetzt, im eigenen Raum, der uns umgibt. Oder wie Karl-heinz Geißler sagt:

»[W]enn wir die Zeit suchen, die ›verlorene‹ genauso gut wie die ›gewonnene‹, dann suchen wir nicht die Zeit, dann suchen wir uns selbst.« (Karlheinz Geißler, Alles hat seine Zeit, nur ich hab keine, S. 13).

Zeitverhalten und Ansprüche überprüfen – Leitfragen und Handlungsimpulse für unser alltägliches Leben

Zunächst geht es um eine Bestandsaufnahme und ein Abklopfen Ihrer Prioritäten:

- Wie sieht Ihr Tag aus? Wie Ihre Freizeit? Wann haben Sie Zeiten der Muße?
- Wie viel Zeit verbringen Sie mit Dingen, die Ihnen wichtig sind? Wie viel mit anderen? Wo liegen Zeit-fresser? Was machen Sie gern, was nicht?
- Zu welchen Dingen in Ihrer Umgebung haben Sie einen Bezug? Welche nutzen Sie kaum und welche sind eigentlich überflüssig? Welche belasten Sie sogar? Worauf könnten Sie verzichten?
- Welche Ansprüche und Erwartungen werden von außen an Sie herangetragen? Welche haben Sie an sich selbst? Wo sind sie zu hoch und schränken Sie dadurch ein? Holen Sie sich am besten ein ehrliches Feedback von einer Vertrauensperson.

- Was würde passieren, wenn Sie Ihre Ansprüche etwas herunterschrauben würden und nicht allen Anforderungen sofort nachkommen würden?

Versuchen Sie im nächsten Schritt, konkrete, positive Ziele zu formulieren, die attraktiv für Sie sind und von Ihnen selbst umgesetzt werden können:

- Wie sieht eine optimale Zeiteinteilung für Sie aus? An einem Arbeitstag? An einem freien Tag? Wann ist Zeit für Sie sinnvoll und gut genutzt?
- Wie viel Geld und materielle Dinge, welche Aktivitäten brauchen Sie wirklich, damit Ihr Leben ausgewogen ist?
- Woran würden Sie – und auch andere – merken, dass Ihre Ansprüche und Erwartungen im Lot sind?

Machen Sie sich bewusst, was nötig ist, um Ihre Ziele zu erreichen, und überlegen Sie, wie Sie vorgehen können. Setzen Sie sich auch einen zeitlichen Rahmen.

- Was brauchen Sie, um wieder mehr über Ihre Zeit zu bestimmen und sie mit Wichtigem füllen zu können? In welchen Bereichen ist dies schnell und einfach umsetzbar?
- Was ist nötig, um unwichtigen Ballast in Ihrem Umfeld loszulassen?
- Was hilft Ihnen dabei, Ihre Ansprüche und Erwartungen herunterzuschrauben? In welchen Bereichen?
- Wer oder was kann Sie dabei unterstützen?
- Wie könnten erste Schritte aussehen und wann wollen Sie beginnen?

Was Sie noch tun können:

- Sichten Sie in Ihrem Zuhause, was Sie wirklich brauchen und wovon Sie sich trennen wollen. Entrümpeln Sie! Die Japanerin Marie Kondo hat eine interessante Methode dafür entwickelt und behält nur Dinge, die glücklich machen: »Magic Cleaning« – vielleicht ist das eine Inspiration für Sie!

- Notieren Sie sich über einen längeren Zeitraum, wie Ihre Tage strukturiert sind und womit Sie viel Zeit verbringen. Was ist überflüssig oder kann reduziert werden? Wofür hätten Sie gern mehr Zeit? Wie können Sie das bewerkstelligen?

- Zeichnen Sie ein Kuchendiagramm und teilen Sie auf, wie viel Zeit und Energie Sie für die folgenden Bereiche verwenden: Arbeit und Leistung, Kontakte und Familie, Körper und Gesundheit, Sinn und Muße. Ist die Mischung ausgewogen? Wie wäre es, wenn es optimal wäre? Was können Sie dafür tun? Womit wollen Sie anfangen?

- Machen Sie einen Businessplan für Ihr Leben: Wie viel Geld und Energie brauchen Sie wofür? Was brauchen Sie wirklich für eine gute Lebensqualität? Was kann eingeschränkt werden? Wo wollen Sie mehr investieren?

- Stellen Sie sich doch selbst einmal die Aufgabe, nicht perfekt zu sein, ihre Kleidung nicht optimal abzustimmen, das Auto nicht auf Hochglanz zu polieren, nicht sofort auf eine Mail zu antworten …

Vom verlorenen Gefühl zur menschlichen Nähe – unsere Bedürfnisse und Beziehungen

Gehen wir einen Schritt weiter. Gehen wir der Frage nach, was uns da eigentlich antreibt. Was uns durch unsere Tage hetzen lässt, was uns jeden Morgen wieder unser Hamsterrad beschleunigen lässt. Und was das mit uns macht. Mit unseren Bedürfnissen und Gefühlen. Mit unserem Verhalten, mit unserem Tun, mit unseren Begegnungen und Beziehungen. Unserem Verhalten gegenüber anderen und gegenüber uns selbst. Warum wir uns fremd fühlen inmitten von Menschen, warum wir uns selbst oft fremd geworden sind.

Nehmen wir Susanne B. aus unserem Fallbeispiel. Immer in Hochgeschwindigkeit unterwegs, immer auf der Spur des Erfolgs. Sie hat alles richtig gemacht: Abitur, Studium, Einstieg in eine große Kanzlei, Heirat, dann der Wechsel in eine noch größere, noch erfolgreichere Sozietät. Eine Bilderbuchkarriere, oder? Was soll daran falsch sein?

Es war Susannes Entscheidung, so zu leben. Einen bestimmten Lebensweg einzuschlagen, eine Art von Leben zu führen, das ihr reizvoll schien und lange Zeit auch richtig. Oder zumindest folgerichtig, konsequent. Eine Entscheidung, die sie nicht hinterfragte, die aber über die Jahre ihren Preis forderte, für die sie anderes zurückstellen musste: zum Beispiel ihre Freunde. Längst sind Susannes Freunde aus der Jugend und aus der Studienzeit verstreut in alle Winde. Nur gelegentlich telefoniert man noch oder schreibt sich eine E-Mail. Zu sagen hat man sich ohnehin nicht mehr viel: Die meisten haben Familie, Kinder, ein eigenes Leben. Ein anderes Leben als das, das Susanne führt, oder ein ähnliches, das keinen Raum mehr lässt für ein Miteinander. Da ist kein

Verständnis für den anderen, kein Zugang zum Leben des anderen, keine wirkliche Nähe und Empathie. Für eigene Kinder war nie Zeit, nie der richtige Zeitpunkt gekommen. Die Karriere ging vor. Die Kontakte, die Susanne pflegt, haben alle mehr oder weniger mit dem Job zu tun. Es sind mehr Bekannte als Freunde, es sind Menschen, die ihr weiterhelfen konnten auf ihrem Weg, die ihr nutzen konnten und können. Entsprechend oberflächlich bleiben die Themen: Wenn es nicht um Klienten und Fälle geht, drehen sich die Gespräche um den Urlaub, ums Golfen, ums Segeln, um gemeinsame Bekannte. Mehr ist dabei nicht drin. Keine Nähe, keine Tiefe, keine Vertrautheit. Warum auch? Keiner will sich hinter die Fassade blicken lassen, keiner will Schwächen erkennen lassen oder Probleme eingestehen. Und zu Hause? Auch Susannes Ehe ist in der Schieflage. Die Konflikte häufen sich, Streit ist an der Tagesordnung. Viel hat man sich nicht mehr zu sagen, viel auch nicht mehr zu geben. Zu sehr ist jeder mit sich selbst, dem eigenen Ego, mit seinen eigenen Problemen beschäftigt, über die man aber natürlich nicht spricht. Auch hier wird sie sorgfältig aufrechterhalten, die kühle Distanz, die man sich im Umgang mit Menschen zugelegt hat. Überhaupt: Auch in der Kanzlei stehen Reibereien, Unstimmigkeiten, Probleme auf der Agenda, als gehörten sie mittlerweile dazu. Zum Abschalten und Innehalten bleibt keine Zeit. Dafür kann man sich so einiges gönnen vom kleinen Luxus zwischendurch: teure Urlaube, ein großes Auto, Designerklamotten.

Es ist ein hoher Preis, den Susanne da bezahlt. Das wird ihr auch selbst bewusst, als es buchstäblich richtig kracht und durch ihren Unfall erst mal alles auf Stopp steht. Da wird ihr klar, dass es unter der Oberfläche schon länger brodelt, dass so manches in ihrem Leben auf der Strecke geblieben ist. Auch sie selbst. Dass sie längst müde ist und ausgebrannt. Was ist aus den Beziehungen zu den Menschen um sie herum geworden? Sind sie ihr überhaupt noch wichtig? Und wenn ja, warum kann sie es dann nicht mehr zeigen? Es nicht mehr spüren? Auch oft nicht mal mehr sich selbst spüren? Wo ist ihr Leben geblieben, wo die Freude, der Schwung, die Motivation für das alles? Wo die Leidenschaft und Hingabe, die Aufmerksamkeit und das Interesse? Was ist mit ihren Bedürfnissen? Welche gibt es? Und werden sie ausreichend berücksichtigt?

Was ist es, was uns – denn Susanne ist kein Einzelfall – antreibt? Zu mehr, als manchmal gut für uns ist, zu mehr, als wir einmal wollten? Was ist es, das uns so einsam macht inmitten der Menschen, so leer und fremd, was uns unsere Arbeit und unser Leben oftmals so sinnlos erscheinen lässt? Etwas ist aus der Kontrolle geraten, hat sich verselbstständigt.

Der Wunsch nach Erfolg, Karriere, Geld, Macht und Einfluss, der am Anfang stand, ist übermächtig geworden. Ohne dass wir es bemerkten. Denn längst fehlt uns der gewohnte Schwung dafür und die Begeisterung. Mit Selbstverwirklichung hat das alles nicht mehr viel zu tun und mit Berufung schon gar nicht. Was uns anfangs beflügelte und beseelte, was uns immer weitermachen ließ, uns Opfer bringen und uns Einsatz zeigen ließ, war mit Freude verbunden. Mit einem echten Engagement. Mit Hingabe, Aufmerksamkeit und Leidenschaft. All das hatte mit uns selbst zu tun, mit unseren Zielen. Oder zumindest dem, was wir für unsere Ziele hielten, auch wenn es vielleicht oftmals die Ziele der anderen waren. Ziele, die wir übernommen hatten und die den Erwartungen der anderen gerecht wurden, weil wir taten, was wir sollten, was man uns zuschrieb. Und irgendwann hatten wir verinnerlicht, was wir sollten. Und wussten dafür nicht mehr, was wir wollten.

Unsere Ziele deckten sich mit unseren inneren Antreibern, die es schon damals gab: Sei schnell! Sei perfekt! Sei stark! Mach es allen recht! Und streng dich an! Jeder von uns hat diese Antreiber in sich. Mehr oder weniger. Sie haben Einfluss auf unser Handeln, und, einmal angetriggert, setzen sie einen Mechanismus in Gang, dem wir nur schwer entgehen können. In einer gesunden Mischung sind sie wichtig für unser Leben und wichtig für unser Fortkommen. Problematisch wird es nur, wenn diese Antreiber sich verstärken, ihr Maß verlieren, außer Kontrolle geraten. Wenn zu viele äußere Umstände in unserer beschleunigten Welt genau diese Antreiber immer wieder triggern und wir immer noch schneller, immer noch perfekter agieren wollen – und mit immer mehr Anstrengung, die letztlich auslaugt. Die uns erschöpft und ermüdet. Und uns am Ende antriebslos macht und uns zum Stillstand zwingt.

Was uns einst Drive und Elan gab, uns jeden Tag aufs Neue motivierte, uns vorankommen und erfolgreich sein ließ, ist zu einem zerstörerischen Element geworden. Immer öfter schleicht sich der Gedanke ein, dass wir nicht mehr selbstbestimmt und selbstwirksam handeln. Dass wir die Leichtigkeit verloren haben und oftmals auch die Freude an unserem Tun und unserem Leben. Dass uns allzu vieles kalt lässt und nichts uns mehr begeistert. Wir fühlen uns getrieben, haben den Steuerknüppel für unsere inneren Antreiber aus der Hand gegeben. Außen und Innen scheinen sich gegen uns zu verbünden. Dann werden wir mit doppelter Kraft getrieben, immer noch schneller und perfekter zu sein. Koste es, was es wolle. Leistung um jeden Preis. Ohne Rücksicht auf Verluste, ohne Blick auf unser Inneres.

Hinterfragen wir die Motive, die uns zum Handeln bewegen, überhaupt noch? Es scheint, als hätten wir vieles einfach hingenommen und akzeptiert. Als hätten wir uns dem ewigen Schwungrad einfach überlassen, uns auf Biegen und Brechen angepasst. Handeln wir wirklich noch selbst, aus einem eigenen Impuls heraus? Und so, wie wir das für uns als gut und richtig empfinden? In einem Maß, das gut für uns ist? Oder sind wir nicht schon viel zu lange ferngesteuert?

Längst spüren wir insgeheim, dass wir in diesem Immer-mehr-und-immer-Schneller fast nicht mehr Schritt halten können, dass unsere Kräfte nachlassen, unsere Energie verschwindet. Es ist ein Raubbau, den wir da betreiben, mit unserem Körper, unserem Geist und unserer Seele. Im Grunde wissen wir das und spüren es, dass unsere Batterien irgendwann leer sein werden. Dass wir zwar immer noch schnell unterwegs sind, aber eigentlich längst schon müde sind. Viel zu müde, um noch lange durchzuhalten. Und dass uns dann auch die Anerkennung von außen, der Erfolg und das Geld nichts nutzen werden. Das macht Angst und verwirrt. Denn wir spüren, dass wir irgendwo auf der Strecke geblieben sind, zu Robotern mutiert sind, die nur noch funktionieren, nicht mehr leben. Dass wir die Begegnung mit anderen Menschen nur noch als Last empfinden, nicht mehr als Lust. Dass uns alles und jeder zu viel geworden ist, unsere Kapazitäten erschöpft sind und auch wir selbst.

Spätestens wenn die Batterien wirklich leer sind, wir einen Burn-out haben oder depressive Züge zeigen, wenn eine Krise uns aushebelt, können wir nicht mehr wegsehen und werden mit Fragen konfrontiert, die längst in uns lauern: Was ist aus uns geworden? Wie weit hat unser Verhalten uns gebracht? Was oder wen haben wir vernachlässigt dafür? Was hintan gestellt? Was aufgegeben? Was falsch gemacht? Was richtig? Und ist das alles auch jetzt und in Zukunft noch der richtige Weg?

Prioritäten ändern sich im Laufe des Lebens. Ändern sich mit den Umständen, in denen wir leben, mit den Situationen, in die wir geraten. Was bisher gut und richtig war, kann unter neuen Voraussetzungen, auf einer neuen Erkenntnisstufe vielleicht nicht mehr gelten – oder eingeschränkt. Wir ändern uns im Laufe der Zeit. Wir ändern unsere Bedürfnisse und unsere Ziele, wir ändern unsere Einstellung. Und manchmal werden wir auch verändert. Von dem Umfeld, in dem wir leben, von den Normen, nach denen wir handeln. Vielleicht so weit, dass wir uns selbst manchmal nicht mehr wiedererkennen, nicht mehr wissen, was wir da eigentlich tun und wie wir es tun. Uns nicht mehr wohlfühlen in unserer Haut, uns im Spiegel nicht mehr in die Augen schauen können. Und uns voller Scham und Schrecken klar wird, dass wir nicht nur in unserem Verhalten Mängel aufzuweisen haben, sondern auch in unserer Haltung. Wir haben uns verbiegen lassen, haben uns krumm gemacht, uns ein Stück weit verleugnet. Wir haben alles dem Prinzip Leistung untergeordnet und dafür vieles vernachlässigt, was uns einmal wichtig war. Wir haben unser Ego in den Mittelpunkt gestellt und unser Gegenüber vergessen. Wir haben unsere Freunde vernachlässigt und keine Nähe mehr zugelassen, wir haben unsere Partnerschaft austrocknen lassen und ihr keine Aufmerksamkeit mehr geschenkt, wir haben oberflächliche Begegnungen tiefen Beziehungen vorgezogen. Wir haben es uns dadurch manchmal leicht gemacht, weil wir dann nicht Rechenschaft ablegen mussten, wie es uns wirklich geht, was uns wirklich bewegt. Aber letztlich haben wir es uns auch unendlich schwer gemacht, uns selbst zu begegnen, uns selbst anzunehmen, so wie wir sind. Dafür sind wir immer noch einen Schritt weitergegangen, haben uns mehr und mehr zugemutet, mehr und mehr aufgebürdet. Wir waren nicht nur anderen gegenüber oft rücksichtslos, sondern auch uns selbst gegenüber. Wir haben auch uns selbst vernachlässigt. Haben unsere innere Stimme in der Lautstärke so weit heruntergeregelt, dass wir sie nicht mehr hören konnten. Wir haben unsere Bedürfnisse und Gefühle so lange verleugnet und unterdrückt, bis Körper und Seele völlig aus dem Gleichgewicht geraten sind.

Was also tun nach dem ersten Schock der Erkenntnis? Jetzt ist Ehrlichkeit gefragt, Offenheit sich selbst gegenüber und ein kritisches Hinterfragen unserer inneren Antreiber. In welchem Maß sind sie gut für uns? Und ab wann nicht mehr? Wie können wir gegensteuern? Überprüfen wir die alten Motive: Halten sie noch stand? Und wenn ja, handeln und leben wir noch danach? Oder ist uns mit dem alten Schwung auch unser eigentlicher Beweggrund verloren gegangen? Und ist es das, was uns oft so wütend, so aggressiv, so zornig macht? Auf alle anderen und vor allem auf uns selbst? Ist es das, was uns gleichzeitig so teilnahmslos macht, so uninteressiert und ohne echte Aufmerksamkeit und Hingabe in der Begegnung mit Menschen? Weil wir längst nicht mehr mit echter Freude und Überzeugung an unsere Aufgaben gehen, sondern uns nur noch quälen, nur noch funktionieren? Weil wir kein Verständnis mehr aufbringen für unser Gegenüber und auch nicht für uns selbst. Weil wir unsere Bedürfnisse missachten – die eigenen und die der anderen. Und schlimmer noch: auch unsere Gefühle. Weil wir Liebe und Leidenschaft, Hingabe und echter Begeisterung nicht mehr den Platz einräumen, den sie verdient haben. Weil wir wie Maschinen geworden sind, fremdbestimmt und fremdgesteuert, emotionslos und kühl. Dafür perfekt und optimiert – der Norm entsprechend. Äußerlich zumindest.

Wie es innen aussieht, ist eine andere Sache. Wenn wir uns die Mühe machen hinzusehen. Wenn wir nicht zu beschäftigt damit sind, unsere Fassade zu pflegen. Denn da gibt es sie noch: die Gefühle und die Emotionen, die Sehnsüchte und Bedürfnisse, die Wünsche und Träume, unsere Motivation und unser Selbstverständnis, unsere Leidenschaft und unsere Liebe. Da, irgendwo tief drin, gibt es noch das wahre Empfinden von Richtig und Falsch, unsere Ethik, unser gesundes Maß und Ziel, unser Bedürfnis nach Nähe, Liebe und nach Gemeinschaft. Wir haben uns manchmal nur sehr weit davon entfernt. Waren zu sehr mit anderen Dingen beschäftigt, mit dem Außen, statt mit dem Innen. Und weil wir das wissen und spüren, ohne es uns doch wirklich einzugestehen, sind wir oftmals so ärgerlich auf uns und auf alles um uns herum. Funktionieren zwar noch, aber sind nicht mehr mit dem Herzen dabei. Und lassen den Ärger im schlimmsten Fall an den Menschen aus, die uns begegnen. Raunzen die Verkäuferin an, die uns das falsche Brot einpackt, den Taxifahrer, der zu langsam fährt, den Postboten, der uns am Samstagmorgen viel zu früh aus dem Bett klingelt, unsere Kollegen, Mitarbeiter, Freunde, unsere Familie und unsere Partner. Und begegnen uns selbst jeden Morgen mit einem missmutigen Blick im Spiegel, bevor wir sie wieder anlegen, die perfekte Rüstung für den Tag.

Unserem Äußeren nach entsprechen wir dann dem, was schön und erfolgreich ist. Wir haben Übung darin, uns zu einem perfekten Bild zu stilisieren, uns selbst auszubeuten, uns zu verbessern und zu steigern. Eine Fassade aufzubauen, eine Mauer zu errichten um unser Inneres.

Doch was ist mit unseren Wünschen und Bedürfnissen, unseren Gefühlen und Sehnsüchten? Haben sie keine Bedeutung, keinen Wert mehr für uns? Bleibt bei all dem Kult ums Außenbild noch Zeit und Energie, sich um das eigene Reifen und Wachsen zu kümmern, um Gefühle und Bedürfnisse, um uns selbst und um den Nächsten? Verarmen wir dann nicht innerlich, auch wenn wir äußerlich erfolgreich sind? Verletzen wir dann nicht ein wichtiges Gebot? »Du sollst nicht funktionieren« hat Ariadne von Schirach ihr Buch genannt, und darin heißt es:

> *Alle Arten von innerem Reichtum, ob Bildung, Humor oder Fantasie, brauchen Aufmerksamkeit und Übung, um zu gedeihen. Wenn man dem Inneren und seiner Tiefe ebendiese Aufmerksamkeit entzieht, um sich ausschließlich dem Äußeren und seiner Wirkung zu widmen, ist es kein Wunder, dass alles zugleich immer besser aussieht und sich immer schrecklicher anfühlt.*
> (Ariadne von Schirach, Du sollst nicht funktionieren, S. 32)

Einmal an diesem Punkt angekommen, aus innerem Impuls heraus oder ausgelöst durch eine Krise, die uns aufrüttelt so wie Susanne, hilft es nicht mehr, vor sich selbst davonzulaufen. Dann gilt es, den Blick nach innen zu wenden und sich Rechenschaft abzulegen:

> *Das bedeutet nichts anderes, als zu überprüfen, was man getan, wie man sich selbst und den anderen Menschen behandelt hat und ob sich das in Übereinstimmung mit den eigenen Grundsätzen befindet.*
> (Ariadne von Schirach, Du sollst nicht funktionieren, S. 122)

Und dranzugehen, nicht nur das Äußere zu perfektionieren, sondern auch wieder das Innere zu formen. Seine Grundsätze zu überprüfen: Wie sehen sie aus? Haben sie immer noch Gültigkeit? Und was müssen wir tun, um wieder danach zu leben und zu handeln? Wie müssen wir uns selbst und den Menschen um uns herum begegnen, dass wir wieder im Reinen mit uns sind? Dass wir nicht nur funktionieren und »in vorauseilendem Gehorsam (…) machen, was man eben so macht« (Ariadne von Schirach, Du sollst nicht funktionieren, S. 121), sondern authentisch handeln, im Einklang mit uns selbst und unseren Grundsätzen.

Wir haben die Wahl. Wieder mal. Wollen wir weiter unser Ego ins Zentrum der Aufmerksamkeit stellen und trotzdem mit unseren Bedürfnissen und Gefühlen auf der Strecke bleiben oder uns wieder darauf besinnen, was nicht nur uns guttut, sondern auch den Menschen um uns herum? Wollen wir weiter um uns selbst kreisen oder uns dem Miteinander wieder öffnen? Uns weiter dem Strom überlassen und uns mitreißen lassen, oder uns darauf konzentrieren, was uns wichtig ist? Sollten wir uns nicht endlich damit auseinandersetzen, dass wir mit der Welle mitgeschwommen sind, weil »man das so macht« oder weil wir uns als Opfer der Umstände oder unserer Erziehung gesehen haben? Und endlich erwachsen werden und unser Leben selbst in die Hand nehmen, entscheiden, was wir wollen und entsprechend handeln im Rahmen des Möglichen. Wieder auf unser Herz hören und Gefühle zulassen. Herausfinden, was uns guttut, uns selbst gut behandeln und unser Maß finden. Dann können wir das auch auf andere Menschen übertragen und freundlich sein, sie gut behandeln. Und nicht nur auf unsere eigenen Bedürfnisse achten, sondern auch auf die der anderen, der Gemeinschaft.

Es ist das Prinzip der Lebenskunst, der *Ars Vivendi*, die die Philosophie schon von jeher kennt und postuliert. Ihr nach gilt es, Möglichkeiten zu entwickeln, wie wir unser inneres Bild, unser Ideal verwirklichen können, indem wir entsprechend handeln. Indem wir unsere eigenen Regeln aufstellen, nach denen wir handeln und agieren wollen. Unabhängig von den Regeln und Normen, die uns aufgestülpt werden. Unabhängig von dem, was »man« tut in unserer beschleunigten Gesellschaft, sondern vom Standpunkt des Menschlichen her. Dann gilt es, nicht nur äußerlich Stil zu zeigen, sondern seinen eigenen Stil zu entwickeln und damit souverän zu werden, wie es der Philosoph Wilhelm Schmid formuliert:

Stil heißt, sich nicht irgendwie zu verhalten, sondern der eigenen Haltung und dem Verhalten Formen zu geben und Grenzen zu ziehen, sich auf etwas Bestimmtes zu konzentrieren, statt sich zu verzetteln und seine Kräfte zu zerstreuen, dieses vorzuziehen und hervorzuheben, jenes nachrangig zu behandeln, Eines auszuwählen und festzulegen, statt vieles oder alles zu wollen.

(Wilhelm Schmid, Dem Leben Sinn geben, S. 385f.)

Diese *Ars Vivendi* gibt es nicht mehr als Regelwerk der Philosophen. Und doch wird der Ruf danach in letzter Zeit immer lauter, die Sehnsucht danach größer. Aber auch eine *Ars Vivendi* fällt in postmoderner Zeit in die Zuständigkeit jedes Einzelnen und in seine Verantwortung. Was wir tun können, ist, uns darüber bewusst zu werden, wie ein gutes Leben aussieht, das nicht nur ums eigene Ego kreist. Wir können uns fragen, was wir wirklich wollen und können und beitragen wollen, damit unser Leben nicht leer bleibt, sondern sinnvoll wird und schön. Und auch wenn wir das am Ende nicht allein für uns tun, fängt es doch bei uns selbst an.

Voraussetzung dafür ist, sich einzulassen auf die innere Welt, wieder hinzuhören, wenn die innere Stimme spricht. Wieder den Kontakt aufzunehmen zu unseren Gefühlen und Bedürfnissen. Zu spüren, was und wer uns wichtig ist. Nicht alles mitzunehmen, sondern sich auf das Wesentliche zu konzentrieren, auszuwählen. Und sich allem voran anzunehmen als der, der man ist: mit all seinen Widersprüchen, seinen Ambivalenzen, mit all seinen Unzulänglichkeiten, Fehlern und Mängeln. Sich die Fehler der Vergangenheit vor Augen zu halten und zu ihnen zu stehen. Sich zu vergeben dafür. Sich aber auch die Chance einzuräumen, an ihnen zu wachsen. Fehler zu korrigieren, Verletzungen wiedergutzumachen, einen Schritt auf andere zuzugehen und um Verzeihung zu bitten. Zu arbeiten an sich, nicht länger vor sich davonzulaufen, nicht länger zu verdrängen, was passiert ist, sondern zu akzeptieren, was ist. Und Verantwortung zu übernehmen für unser Tun und Handeln, für das eigene Leben.

Dann landen wir wieder in der Gegenwart, im echten Leben. In einem, das aus der Vergangenheit erwachsen ist und zu ihr steht, aus ihr gelernt hat und an ihr gereift ist und das eine Zukunft entwirft, in der nicht mehr nur der äußere Wert zählt, sondern auch wieder der innere. Eine Zukunft, in der wir uns selbst wieder ein menschenwürdiges Leben zugestehen mit allem, was dazugehört. Mit Gefühlen, Beziehungen, mit Freude, Freundschaft und Liebe. Einer Liebe zu uns und zu den Menschen. In der wir aufmerksam sind und wach, uns selbst und den anderen zugewandt. In der wir wirklich präsent sind und nicht nur anwesend. Mit Haut und Haaren, mit Herz und Verstand, mit Kopf und Bauch. Mit Leidenschaft und Hingabe.

Unsere Beziehungen werden dann eine neue Qualität erfahren, sie werden an Tiefe und an Intensität gewinnen. Diejenigen zumindest, die uns wichtig sind. Die eine gewisse Nähe verdienen. Die anderen müssen oder werden wir dafür vielleicht zurückfahren oder sogar einstellen. Auch im Zwischenmenschlichen gilt es, nicht jeden Kontakt auszuweiten, nicht jede oberflächliche Bekanntschaft zu zelebrieren, sondern sich auf die wichtigen Kontakte zu konzentrieren und sie zu pflegen. Ihnen Aufmerksamkeit zu widmen und Zeit. Damit ein Geben und Nehmen entstehen kann und wirkliche Nähe, nicht nur ein Austausch von Belanglosigkeiten. Das mag erst einmal zu Irritationen führen und so manch einer unserer flüchtigen Bekannten wird es nicht nachvollziehen können, warum wir nicht mehr auf jeder Hochzeit tanzen. Manche werden es aber auch verstehen und akzeptieren und können darüber vielleicht sogar zu Freunden werden. Andere eben nicht. Das gilt es auszuhalten. Denn dafür machen wir uns bewusst, wer uns wirklich am Herzen liegt, wen wir nicht verlieren wollen, wen wir in unserer Nähe haben wollen, mit wem wir uns austauschen wollen, wessen Meinung uns wichtig ist und wessen Zuneigung wir brauchen. Um wen wir uns bemühen wollen, denn jede Freundschaft oder Partnerschaft braucht unsere Präsenz, unser wirkliches Zuhören, unsere echte Aufmerksamkeit. Dafür ist es wichtig zu wissen, wer uns wichtig ist. Wer uns berührt und uns etwas bedeutet. Wen wir nicht missen möchten. Wer für uns einzigartig ist. Welche Gefühle und Bedürfnisse wir haben und ihnen auch zu folgen. Sie nicht wegzudrängen, sondern sich ihnen zu stellen. Auch wenn das bedeutet, von manchen Menschen sogar Abschied nehmen zu müssen oder die Distanz zu vergrößern, wenn wir feststellen, dass sie uns von uns selbst fernhalten, dass sie uns vielleicht sogar schaden, zumindest aber nicht guttun. Auch das gehört dazu, wenn wir unsere Beziehungen und unser Verhalten auf den Prüfstand stellen.

Auch in unseren Beziehungen geht es letztlich also um das rechte Maß. Um die richtige Mischung. Nicht um einen Egoismus, der sein Ich perfektioniert und optimiert, sondern um eine Freundschaft mit sich selbst. Nicht um eine oberflächliche Kontaktkultur, die im Kult sozialer Netzwerke ihren Gipfelpunkt erreicht, sondern um echte Beziehungen und Freundschaften. Und um die Frage: Wie viel Nähe brauche ich? Und wie viel Distanz? Wie viel Raum und Zeit für mich selbst? Und wie viel mit anderen, in einer Gemeinschaft? Und wie soll diese Gemeinschaft aussehen? Was ist mir wichtig daran, was gibt sie mir? Und was bin ich zu geben bereit? Wer sich inmitten von Menschen einsam fühlt, sollte seine Beziehungen und seine Haltung den Menschen gegenüber überprüfen. Sollte danach fragen, ob er sich zu sehr mit der eigenen Karriere, der eigenen Perfektionierung beschäftigt und nur noch um sich kreist. Ob er sich mit den Menschen umgibt, die ihm wichtig sind, oder nur Gesellschaft sucht, um nicht mit sich allein zu sein.

Wir brauchen beides: das Miteinander, aber auch das Alleinsein. Auch wenn viele von uns das verlernt haben. Es gehört ganz wesentlich zu einem erwachsenen Menschsein und zu einem dauerhaften Glück dazu, mit sich allein sein zu können. Sich den eigenen Gedanken und Gefühlen zu stellen. Sie auszuhalten. Auch die Leere auszuhalten, die sich gerade in Krisensituationen auftut. Die Gedanken wieder in Ordnung zu bringen, das Chaos zu ordnen, auch ohne Hilfe oder Ablenkung von außen. Die Ehrlichkeit sich selbst gegenüber auszuhalten, aber auch die Versöhnung zuzulassen. Sich seine Bedürfnisse und Sehnsüchte einzugestehen. Sich nach seinen Wünschen zu fragen und danach, wie wir sie zu Zielen machen können, von uns selbst gesetzten Zielen. Und wie wir dadurch wieder mehr Nähe zum Leben aufbauen können, zu den Dingen und zu den Menschen. Das nimmt uns keiner ab, das müssen wir selbst und alleine für uns entscheiden. Die Chance dazu bekommen wir, wenn wir uns auf das Alleinsein einlassen und nicht in Panik verfallen und uns gleich wieder in Ablenkungsmanöver oder ins Getümmel mit anderen Menschen stürzen. Das kommt zu seiner Zeit. Aber auch das Alleinsein hat seine Berechtigung, vor allem wenn wir erschöpft sind und herausfinden müssen, was uns guttut.

Der erste Schritt beginnt bei uns selbst: Erst wenn wir in der Lage sind, uns selbst zu akzeptieren, uns mit uns zu befreunden, uns zu mögen und zu lieben, uns in unseren Möglichkeiten zu entdecken, werden wir in der Lage sein, auch die Menschen zu akzeptieren, wie sie sind. Nicht nur mit ihren Stärken, sondern auch mit ihren Schwächen und Unzulänglichkeiten. Und mehr noch: Vielleicht erkennen wir dann in denen, die wir lieben, sogar noch mehr, nicht nur, was sie sind, sondern was sie sein können und sein sollen. Was in ihnen steckt an Möglichkeiten. Wenn wir den Menschen mit dieser Haltung begegnen, tun wir nicht nur uns selbst etwas Gutes, sondern können unseren Beitrag leisten, dass das Leben wieder freundlicher wird und lebenswerter. Indem wir zuhören und hinsehen, was den anderen bewegt und beschäftigt, indem wir hören und sehen, was uns selbst bewegt und beschäftigt. Und indem wir nach unseren Grundsätzen handeln und Verantwortung übernehmen. Dann leben wir. Und funktionieren nicht länger nur.

Dann werden wir nicht länger getrieben, sondern finden es wieder, das richtige Maß unseres inneren Antriebs, das uns mit Freude ans Werk gehen lässt und uns nicht aushöhlt. Dann wissen wir wieder, warum wir all das tun und vor allem, wie wir es zu tun haben, um uns selbst nicht wieder abhandenzukommen.

Dann müssen wir nicht mehr warten, was geschieht und uns dem anpassen und fügen und einfach tun, was man so tut. Dann reagieren wir nicht nur, dann agieren wir wieder. Bestimmen wieder selbst unser Tun und Handeln. Bewegen und gestalten selbst. Aus uns selbst heraus. Und schaffen, schöpfen und erzeugen damit wirklich etwas.

Dann müssen wir auch keine Angst mehr haben vor dem Leben und seiner Endlichkeit. Dann laufen wir nicht länger davon, sondern leben es wieder, unser Leben. Vor allem finden wir dann unsere Begeisterung wieder in unserem Tun, die Freude an den Menschen und an uns selbst, die Nähe, die wir brauchen und die Liebe, die wir verdienen.

Wir haben die Wahl. Gerade in einer Krise, gerade in der Lebensmitte. Gerade dann, wenn die Selbstverständlichkeit des Alltags infrage gestellt ist, wenn klar wird, dass das Leben endlich ist, begrenzt. Wir können resignieren. Oder wir können handeln. Dem Wunsch nachgeben, etwas zu ändern, nicht gleich alles und das Ganze, aber uns selbst. Die Rüstung ablegen, ganz oder in Teilen, die Norm abstreifen, zumindest Stück für Stück. Beziehungen bestimmen zu einem großen Teil unser Leben und unsere Lebensqualität. Sie gehören unabdingbar zu einem guten Leben. Gelingen sie, geben sie uns Rückhalt und Stärke, vermitteln uns Geborgenheit und das Gefühl der Zugehörigkeit und schenken uns Bedeutung, Freude, Liebe, Sinn und vielleicht sogar Glück.

Was es bedarf, um unseren Beziehungen und unserem Verhalten eine neue Qualität zu geben, ist Hingabe und Aufmerksamkeit, Geduld und Gelassenheit. Einstellungen und Haltungen ändern sich nicht von heute auf morgen. Sie müssen entstehen und wachsen. Sie brauchen Aufmerksamkeit und Pflege und immer wieder ein Nachjustieren. Sie brauchen die Erprobung im Alltag, das Üben an uns und am Gegenüber. Das erfordert nicht nur Geduld von uns selbst, sondern auch von den anderen. Aber es eröffnet die Möglichkeit, wieder großmütig zu sein. Diesen Großmut brauchen wir uns selbst gegenüber, um uns Fehler zu verzeihen und dem allzu überzogenen Perfektionismus abzuschwören. Aber wir brauchen ihn auch anderen Menschen gegenüber. Im Grunde wissen wir das, im Grunde sind wir alle Experten für unser eigenes Leben und wissen, was gut und richtig ist für uns, was es braucht, damit wir im Einklang mit uns sind und unserer Umwelt. Geduld, Gelassenheit und Großmut helfen dabei. Uns und den anderen.

Hören wir also auf uns als Experten. Hören wir wieder auf die innere Stimme, die genau weiß, was uns guttut. Die Schönes erkennt und Gutes, die eng verbunden ist mit unserem Körper und unseren Sinnen. Unseren Antennen nach draußen, die mit der Welt um uns herum und mit den Menschen korrespondieren. Lernen wir wieder, unseren Sinnen zu vertrauen und zu genießen und das Glück des Augenblicks zu erspüren. Den Duft von Flieder, den Geschmack von Äpfeln, den Gesang eines Vogels am frühen Morgen, das Prickeln eines kühlen Lufthauchs auf der Haut, den Anblick eines Gemäldes. Lernen wir wieder, uns der Sinnlichkeit solcher Momente hinzugeben. Denn sie schenken uns etwas, das uns längst verloren schien: Lebensfreude. Sie verbindet uns mit allem um uns herum, sie öffnet uns die Augen für die Schönheit des Lebens und lässt uns nicht verzagen vor der Schrecklichkeit. Sie öffnet unser Herz für die Welt und für die Menschen und letztlich für uns selbst. Sie lässt uns lebendig werden und bleiben, empfindsam und aufnahmebereit – auch für das Außen, auch für die Menschen, denen wir begegnen.

Das ist es, was wir brauchen, um wieder die Leichtigkeit des Seins zu spüren und nicht die Last der Tage. Das ist es vor allem, was wir brauchen, wenn wir müde sind und ausgelaugt. Wenn unsere Seele auftanken muss, unser Körper der Zuwendung bedarf und unser Geist entspannen soll. Das ist es, was wir brauchen – auch und gerade in einem Zustand der Erschöpfung, aber nicht nur dann. Es ist notwendig, dass wir uns selbst gut behandeln, uns um uns kümmern, uns Gutes tun, um wieder Freude und Sinnlichkeit zu spüren.

Die Rede ist hier von Freude und Genuss, nicht von Konsum. Die Rede ist hier auch nicht von Narzissmus und Egoismus, sondern von einer Freundschaft zu uns selbst. Es geht um Hedonismus im besten Sinne, im Sinne Epikurs, der schon im vierten Jahrhundert vor Christus in seiner Philosophie die kleinen, stillen Dinge hervorhob, die es zu entdecken und mit allen Sinnen zu erfahren gilt. Jene Dinge, die für alle zur Verfügung stehen und die nichts kosten – nur den Blick dafür, das Gespür, das Erkennen, die Aufmerksamkeit. Die eben jenen Genuss schenken, der nichts mit Konsum gemein hat, und jene Freude, die weitab ist von der Spaßkultur unserer Zeit. Wenn wir es schaffen, diese Freude wieder zu spüren in den Dingen um uns herum und in den menschlichen Beziehungen, die wir pflegen, erkennen wir auch wieder, was uns im Innersten antreibt und leben lässt. Wenn wir die Aufmerksamkeit, die Begeisterung und die Hingabe wieder für uns entdecken, wenn wir uns mit uns selbst befreunden, Freude auch wieder an uns selbst haben, kommen wir dem lebenswerten, dem gelingenden und guten Leben noch einen Schritt näher: Dann erkennen wir das Glück, zu lieben und geliebt zu werden.

Gefühle und Bedürfnisse ausloten –
Leitfragen und Handlungsimpulse für unsere
Beziehungen und unser Verhalten

Sehen Sie sich zunächst an, mit wem Sie Ihre Zeit verbringen und wie die Qualität Ihrer Beziehungen ist. Betrachten Sie auch Ihre Haltung sich selbst gegenüber:

- Mit wem verbringen Sie Ihre Zeit? Wer ist Ihnen wichtig? Mit wem verbindet Sie nur eine oberflächliche Beziehung? Wem würden Sie gerne mehr Zeit widmen?
- Wie ist Ihr Umgang mit Kollegen, Kunden, Freunden, Bekannten, Ihrem Partner?
- Wie stehen Sie zu sich selbst? Wie gehen Sie mit sich um?

Machen Sie sich bewusst, welche Gefühle und Bedürfnisse Sie bewegen, was Sie berührt:

- Welche Gefühle spüren Sie? Welche Bedürfnisse gibt es?
- Was begeistert Sie wirklich? Was berührt Sie? Wofür brennen Sie? Wem gilt Ihre Liebe? Wer ist Ihnen wichtig?
- Welche inneren Antreiber haben Sie? Beeil dich? Sei

perfekt? Mach es allen recht? Sei stark? Streng dich an?

■ Was mögen Sie an sich? Was nicht? Womit wollen Sie Ihren Frieden machen? Wofür sich verzeihen?

Nun gilt es zu überlegen, was Sie an Ihren Beziehungen verbessern werden, damit Sie erfüllend für Sie sind, und was Ihnen dabei helfen kann. Vielleicht gibt es auch jemanden, mit dem Sie darüber sprechen können oder der für Sie ein Vorbild ist:

■ Was macht eine gute Beziehung für Sie aus? Was gehört dazu?

■ Wie wäre es, wenn Ihre Beziehungen zu den Menschen in Ihrem Umfeld richtig gut und schön wären? Wie viel Nähe brauchen Sie, wie viel Distanz?

■ Was können Sie selbst dafür tun, um Ihre Beziehungen zu verbessern? Was müsste sich in Ihrem Verhalten anderen gegenüber verändern?

■ Was brauchen Sie, um sich mit sich selbst zu befreunden? Wie viel Zeit brauchen Sie für sich? Was brauchen Sie, um sich wohlzufühlen?

Gehen Sie Schritt für Schritt daran, Ihre Ziele im Hinblick auf Ihr Verhalten umzusetzen:

■ Womit wollen Sie beginnen? Was ist am wichtigsten? Was fällt Ihnen am leichtesten? Bis wann wollen Sie Ihre Ziele erreicht haben?

■ Wie wollen Sie vorgehen? Welches Handeln bringt Sie Ihren Zielen näher?

■ Wer könnte Sie auf Ihrem Weg unterstützen?

■ Achten Sie doch einmal auf Ihre Gesprächskultur: Wann ist ein Gespräch für Sie gut? Was gehört dazu? Wann fühlen Sie sich verstanden und wohl? Wie gut können Sie zuhören? Auf andere eingehen?

■ Überlegen Sie, wer in Ihrem Freundes- und Bekanntenkreis es wirklich ehrlich mit Ihnen meint und wer nur eine oberflächliche Beziehung zu Ihnen pflegt. Wer tut Ihnen gut? Wer nicht? Notieren Sie sich, wann Begegnungen für Sie erfüllend sind.

■ Fragen Sie Freunde, Kollegen oder Ihren Partner, wie Sie im Umgang mit anderen wirken. Wo liegen Ihre Stärken, wo Defizite? Holen Sie sich Feedback.

■ Versuchen Sie, in jedem Menschen, mit dem Sie zu tun haben, etwas Gutes und Schönes zu entdecken, wofür Sie diesen Menschen schätzen und respektieren.

■ Planen Sie mehr Zeit für die Menschen ein, die Ihnen wichtig sind, und überlegen Sie, wie Sie diese Zeit gemeinsam verbringen wollen.

■ Schaffen Sie sich Inseln für sich ganz allein und üben Sie das Alleinsein mit sich. Überlassen Sie sich ganz Ihren Gedanken und Gefühlen. Sorgen Sie gut für sich und finden Sie heraus, was Ihnen Freude bereitet.

Von der verlorenen Freude zur inneren Motivation – unsere Fähigkeiten und Talente

Bleiben wir auf der Ebene der Bedürfnisse und beim Thema Freude, denn Freude ist essenziell und zieht sich durch alle wichtigen Bereiche unseres Lebens. Nicht nur im sinnlichen Erleben, nicht nur in der Begegnung mit Menschen, sondern vor allem in unserer Arbeit spielt Freude eine große Rolle. Fehlt sie in einem Bereich oder auch in mehreren, wie häufig in Krisenmomenten, ziehen sich die Tage bleischwer dahin, bleischwer bewegen auch wir uns dann in der Zeit. Mühsam erscheint jedes Tun, nichts geht leicht von der Hand. In solchen Momenten erscheint jede Freude wie eine ferne Erinnerung. Nichts dringt mehr durch den dunklen Schleier, der alles umhüllt.

Wann haben wir zuletzt Begeisterung empfunden? Und wobei? Mit wem? Was hat uns ein Lächeln entlockt, das auch die Augen, auch das Herz erreicht hat? Und wenn wir dann genauer hinsehen, erkennen wir vielleicht mit Schrecken: Sie ist längst weg, die Freude in unserem Leben. Nicht erst seit der Kündigung, der Erkrankung, der Trennung. Sie ist uns schon viel länger abhandengekommen, heimlich, still und leise. Wir haben es nur nicht bemerkt in der Routine des Alltags. Wann genau, wissen wir nicht. Wie, ebenso wenig. Scheinbar hat uns ja nichts gefehlt. Wir haben einfach immer weitergemacht, ohne auf die Bereiche zu achten, die doch so wichtig sind für unser Leben: unsere Beziehungen und unsere Arbeit. Wir haben unsere Gefühle und Bedürfnisse verdrängt oder verleugnet, wir haben die Freude an den Menschen und am Tun aus den Augen verloren, die Begeisterung und die Hingabe.

Bis es uns irgendwann einfach wie Schuppen von den Augen fällt und uns plötzlich klar wird, dass wir zwar stumpf unsere Aufgaben erfüllen, sie auch gut und kompetent erfüllen, aber innerlich nicht mehr dabei sind. Nicht mehr mit Freude ans Werk gehen – so wie Susanne. Dass wir unser Tun als öde betrachten. Oder ein äußerer Anlass gibt uns die Chance, uns zu fragen: Was tun wir hier eigentlich? Bedeutet es uns noch etwas? Und machen wir es richtig gut? Fällt es uns leicht oder quälen wir uns mühsam durch unser tägliches Pensum? Sind wir zufrieden mit dem, was wir tun? Oder wissen wir am Abend oft nicht mehr, was den Tag denn nun gefüllt hat, so wie Irina L. aus unserer Fallgeschichte?

Dann ist es Zeit, sich der eigenen Unzufriedenheit zu stellen und ihr auf den Grund zu gehen. Denn dann kommt uns der Sinn abhanden in dem, was wir tun. Dann reicht es nicht mehr, »seinen Job zu machen« um des reinen Geldverdienens willen, dann soll die Arbeit wieder an Wesentlichkeit, an Wichtigkeit gewinnen.

Gerade in der Lebensmitte tauchen diese Fragen auf. Oftmals schon um die 40, manchmal auch erst ein Jahrzehnt später. Dann reicht es nicht mehr, nur aus materiellen Gründen zu arbeiten, um sich einen gewissen Lebensstandard zu sichern, dann ist mehr gefragt: ein ideeller Wert der Arbeit. Identifikation, die Möglichkeit, wirklich etwas zu bewegen, das Wissen um Teilhabe an einer Gemeinschaft, die Zusammenhänge schafft.

Denn dann geht es um unsere tiefen Bedürfnisse, um das, was wir wirklich tun wollen und nicht mehr nur um das, was wir tun sollen. In der Lebensmitte, ob begleitet von äußeren Umständen oder nicht, ist es an der Zeit, nicht mehr länger nur zu funktionieren um des Funktionierens willen, weil es eben alle so machen oder es vermeintlich nicht zu ändern ist. Es ist an der Zeit, so manch schalen Kompromiss aufzugeben und mehr auf seine Bedürfnislage zu achten, auch auf das rechte Maß zu schauen – nicht nur in unseren Beziehungen, sondern vor allem auch in unserer Arbeit: Wie viel Zeit will ich mit welchen Aufgaben verbringen? Welche geben mir etwas und welche nicht? Welche Tätigkeiten haben für mich Sinn und Wert und welche nicht? Worüber definiere ich mich und wo passe ich mich nur an?

In der Regel wissen wir in der Lebensmitte, was wir können und was wir wert sind. Aber ist dann nicht auch der Zeitpunkt gekommen, sich genau das zu erlauben? Genau das zu tun, was wir tun wollen und was wir gut können, worin wir Sinn sehen und was uns wichtig ist? Und dafür endlich all das sein zu lassen, was gar nicht zu uns passt. Wenn nicht jetzt, wann dann wollen wir damit anfangen, die richtige Mischung an Aufgaben für uns festzulegen, die das Beste aus uns herausholen und damit auch das Beste für andere bewirken? Ist es jetzt nicht Zeit, die richtige Balance zu finden in unseren Aktivitäten – beruflich und privat? Wir sollten ausloten, wie viel genug ist und wovon es gern noch ein bisschen mehr sein kann. Und erkennen, was uns wirklich fesselt und entfesselt in unserem Können und unserer Persönlichkeit. Jetzt sollten wir beginnen, nicht nur anderen oder der Norm zu genügen, sondern uns selbst.

Die Bandbreite der Konstellationen ist groß: Da gibt es die einen, die ihren Beruf einmal gern gemacht haben, ihn aus Überzeugung gewählt und mit Leidenschaft ausgeübt haben, Erfüllung gefunden haben in ihrem Tun und das über lange Zeit. Die einen hohen Leistungsgrad und eine hohe Kompetenz erworben haben, die also durchaus wissen, *wie* sie ihre Tätigkeit verrichten müssen, um erfolgreich zu sein. Denen aber das *Warum* abhandengekommen ist. Die in dem, was sie da täglich tun, keinen Sinn mehr sehen. Die nicht mehr den Zusammenhang erkennen zwischen sich selbst und ihrem Tun. Die sich fragen: Was hat meine Arbeit mit mir zu tun? Mit meinen Zielen? Mit meiner Person? Denen es einfach zu viel ist oder auch zu wenig, die überfordert oder unterfordert sind mit ihren Tätigkeiten und damit erst die Freude und dann auch den Sinn verlieren.

Dann werden »die bei einer solchen Arbeit verbrachten Stunden (…) als Zeit betrachtet, die einem vom Leben abgezogen wird«. So beschreibt es der Entdecker des Flow-Phänomens, Mihaly Csikszentmihalyi, in seinem legendären Buch »Flow« (Mihaly Csikszentmihaly, Flow, S. 212) und fährt fort: »Viele Menschen halten ihre Arbeit für etwas, das sie tun müssen, eine von außen auferlegte Last, eine Mühe, die ihnen Leben von der Habenseite ihrer Existenz abzieht.« (S. 212) Das kostet nicht nur Energie, das kostet auch Freude und Sinn.

Da mag es sein, dass sich das Arbeitsumfeld so verändert hat, dass, was einst Lust war, nun zur Last wird. Da mag es sein, dass Druck und Stress ein Maß erreicht haben, das unsere Kräfte übersteigt. Dass Anforderungen und Tätigkeiten sich verschoben haben und nicht mehr zu uns passen. Dass wir zu viel Routine in unserem Alltag haben, jede Tätigkeit wie im Schlaf ausüben und uns nichts mehr fordert, geschweige denn begeistert, was wir tun.

Es gibt sie, jeder kennt sie, diese Veränderungen in unserer Arbeitswelt, die zu den Unabänderlichkeiten gehören, zumindest für den Einzelnen. Letztlich sind an dieser Stelle oftmals auch gesellschaftliche und politische Korrekturen gefragt, um eine Verbesserung nicht nur der Arbeits-, sondern auch der Lebensqualität zu erreichen.

Manches also ist gegeben, für den Einzelnen unveränderbar. Und dennoch können auch wir selbst etwas dazu beitragen, wie Csikszentmihaly darlegt, indem wir versuchen, »Handlungsmöglichkeiten zu erkennen«, unsere Fähigkeiten auszuloten und uns selbst erreichbare Ziele zu setzen (Mihaly Csikszentmihaly, Flow, S. 208). Dazu können wir uns von professioneller Seite Hilfe holen oder wir machen uns selbst daran, unsere Arbeit und unseren Einsatz zu hinterfragen und selbstwirksam zu werden. Denn wir können zu einem guten Teil selbst die Geschicke unseres Lebens leiten, »Selbst-Management« betreiben und mit Unternehmergeist das Projekt Leben vorantreiben.

Dann gilt es, das, was wir täglich tun, einmal genauer unter die Lupe zu nehmen. Um zu erkennen, welche Einflussmöglichkeiten wir haben. In welchen Bereichen wir uns aus eigener Initiative attraktive Ziele setzen können, die uns fordern, unsere Ressourcen zu aktivieren, unsere Fähigkeiten zu erweitern und Neues hinzuzulernen. Wir sollten wieder einen Zusammenhang zwischen fremden und eigenen Zielen herzustellen versuchen und uns damit in Verbindung mit unserem Tun bringen. Dabei ist es nicht entscheidend, wie hochwertig unsere Arbeit ist. Auch nicht, ob wir alleine für den Erfolg eines Produkts einstehen oder den Stolz auf das Geleistete mit einem Team teilen müssen. Entscheidend ist, dass wir unser Tun, unseren Beitrag, so klein er auch sein mag, als Teil eines Größeren sehen, unsere eigenen Ziele mit einem größeren verbinden können und dadurch Zufriedenheit, Sinn und Freude empfinden.

Es gibt ein schönes Gleichnis, das das gut verdeutlicht. Es handelt von drei Männern, die Steine bearbeiten für den Bau einer Kathedrale. Gefragt, was sie tun, antwortet der erste Mann mürrisch und stöhnend: »Ich haue Steine und verdiene damit meinen Lebensunterhalt.« Der zweite Mann erklärt: »Ich mache die beste Steinmetzarbeit weit und breit.« Der dritte Mann schließlich entgegnet mit leuchtendem Blick und einem Lächeln: »Ich baue eine Kathedrale.«

So wie dem ersten Maurer geht es auch uns oft genug im Alltag. Wir werkeln vor uns hin, arbeiten verbissen unser Pensum ab und wissen am Abend doch kaum mehr, was wir da eigentlich getan und geleistet haben. Wenn wir aber ein Ziel vor Augen haben, das durch unser Zutun erreicht werden kann, sehen wir wieder die Bedeutung und den Sinn in unserem Tun. Und können stolz sein auf unsere Arbeit und sie mit Freude tun.

An den Umständen können wir oftmals nichts ändern, an unserer Einstellung hingegen sehr wohl. Wenn wir daran arbeiten, nicht nur unsere Arbeit gut zu verrichten, sondern uns auch viele kleine Ziele stecken, die zu einem großen Ziel führen, bei dessen Erreichen wir Stolz empfinden können, weil es uns gefordert, aber nicht überfordert hat, weil wir unsere Fähigkeiten optimal dafür einsetzen konnten und wir unsere Aufmerksamkeit voll auf unser Ziel gerichtet haben, weil wir uns mit unserem Können einbringen konnten, werden wir auch wieder mit Freude ans Werk gehen. Dann hauen wir nicht nur Steine, sondern bauen eine Kathedrale.

Was aber ist mit den anderen, die plötzlich das Gefühl haben, dass das, was sie tun, überhaupt nicht oder nicht hinreichend das ist, was ihren Fähigkeiten entspricht? Die sich langweilen und sich unterfordert fühlen, die über ihre Tätigkeiten hinausgewachsen sind, so wie Irina L. in unserem Fallbeispiel? Wenn sich die Aufgaben und Arbeitsbedingungen vielleicht so sehr verändert haben, dass sie einfach nicht mehr den eigenen Talenten entsprechen. Wenn sich vielleicht auch im Laufe der Zeit herausgestellt hat, dass es Dinge gibt, die man besser kann als das, was man so täglich macht. Was dann?

Dann ist der erste Schritt, dass wir uns wirklich unserer Fähigkeiten, Kenntnisse und Begabungen bewusst werden. Es geht um Begabungen durchaus im Sinne von Gaben, die uns das Leben in die Wiege gelegt hat und die wir oft als selbstverständlich betrachten. So sehr, dass wir vielleicht gar nicht mehr erkennen, welchen Schatz wir da hüten, was wir durch unsere Begabung können, was uns leichtfällt, so leicht, dass uns gar nicht mehr auffällt, dass es für andere Arbeit und Mühe bedeutet. Wir sollten endlich ausloten, was wir wirklich gerne tun. Worin wir versinken, was uns die Welt um uns herum vergessen lässt, was uns so fesselt, dass wir darauf brennen, es zu tun. Dann ist es Zeit, sich nicht nur mit dem Beruf zufriedenzugeben, sondern nach der Berufung zu suchen. Nach einer Tätigkeit, die nicht mehr abgekoppelt ist vom Leben, die die Kluft aufhebt zwischen Pflicht und Lust. Die unser Selbst mit unserem Tun verknüpft. Eine Tätigkeit, in der wir Flow erleben, jenen Zustand, den Csikszentmihaly so perfekt beschrieben hat und als »Freude, Kreativität und (…) Prozess vollständigen Einsseins mit dem Leben« definiert (Mihaly Csikszentmihaly, Flow, S. 11).

Finden wir es, jenes hehre Ziel, für das der Einsatz lohnt. Wenn wir spielende Kinder beobachten, ist es leicht, sich den Zustand von Flow vor Augen zu führen. Völlig versunken, hoch konzentriert, durch nichts abgelenkt, bauen sie Schritt für Schritt ihre Kathedrale aus Sand oder Legosteinen, setzen all ihre Fähigkeiten ein, um ihr Bauwerk auf ein stabiles Fundament zu setzen, Türme und Erker dranzubauen, lernen hinzu, wenn etwas misslingt, korrigieren, holen Hilfe, machen weiter, ihr Ziel vor Augen.

So einfach erscheint es da, ganz im Moment zu sein und mit konzentrierter Freude der Kreativität freien Lauf zu lassen. Und doch: Jeder von uns hatte solche Momente als Kind. Viele von uns haben sie immer noch. Sie gilt es jetzt herauszufiltern. Wann sind wir im Flow? Wann sind wir so hoch konzentriert, dass nichts uns stören oder ablenken kann? Wann sind wir so versunken in eine Tätigkeit, dass wir die Zeit vergessen, keinen Hunger spüren, keinen Durst? Wann gelingt es uns, ganz im Moment zu sein, ganz bei uns und ganz in unserem Leben?

Für viele gibt es diese Momente auch im ausgeübten Beruf. Wir müssen oftmals nur genauer hinsehen und sie aufspüren. Bei welchen Gelegenheiten, welchen Tätigkeiten sind wir voll dabei? Wann weniger? Was ist es, was uns dann so fesselt und bewirkt, dass uns die Arbeit plötzlich so leichtfällt? Wenn wir nur unser Augenmerk darauf richten, werden wir sie erkennen – unsere großen Talente, unsere größten Stärken. Dann ist es vielleicht nur noch ein Schritt, sich zu überlegen, wie man diese Tätigkeiten, bei denen man so ganz bei sich ist, ausweiten kann im täglichen Tun. Gibt es Möglichkeiten, mehr davon zu haben? Und dafür vielleicht sogar Dinge zurückzufahren, die man weniger gern tut? Das wäre eine Herangehensweise an die Sache. Vielleicht lässt sich das aus eigener Kraft bewerkstelligen, vielleicht ist dafür das Gespräch mit dem Vorgesetzten hilfreich. Vielleicht steht am Ende der Erkenntnis auch der Wunsch, eine andere Position zu bekleiden, die mehr von dem bietet, was uns Freude bringt und Flow. Wenn nicht in der jetzigen Firma, dann vielleicht in einer anderen. Vielleicht ist an den Wechsel in eine verwandte Branche zu denken, für die genau unser Wissen als Quereinsteiger wertvoll sein kann.

Auf jeden Fall gilt es, ein klares Ziel zu formulieren:

Wie soll meine Arbeit aussehen, damit ich sie freudig tue, damit ich das Gefühl habe, es stimmt alles, ich bin zu 100 % da, wo ich sein will? Und: Was brauche ich dafür? Fehlt mir noch eine Qualifikation, eine Fähigkeit? Welche Unterstützung kann ich wo bekommen? Was kann ich aus eigener Initiative tun, wo bedarf es einer Hilfestellung und wer kann sie mir geben? So kristallisiert sich eine Lösung heraus, eine Strategie, der es zu folgen gilt, wenn man sich auf den Weg zum Ziel machen will, dem Ziel, wieder mit Freude zu arbeiten, dem Ziel, wirklich das zu tun, was man gerne tut und gut. Denn meistens geht es ja Hand in Hand, dass wir genau dann am besten sind, wenn wir auch mit dem Herzen dabei sind.

Oftmals geht es also gar nicht darum, gleich in Bausch und Bogen alles zu verteufeln und sich eine völlig neue Aufgabe zu suchen. Im Gegenteil: Manchmal ist gerade in Krisenzeiten oder in der Lebensmitte die Gefahr groß, alles einfach hinzuwerfen, ohne an die Konsequenzen zu denken. Ein kühles Abwägen und Prüfen sollten wir schon einplanen, bevor wir alles über Bord werfen. Bei den weitaus meisten ist es nur ein Nachjustieren, vielleicht auch ein Weiterentwickeln der bestehenden Tätigkeit. Manchmal liegt die Lösung ganz nahe und erfordert lediglich Aufmerksamkeit, um sie zu entdecken und den Mut, etwas zu verändern, es beim Vorgesetzten anzusprechen oder selbst aktiv zu werden.

Doch es gibt auch Fälle, in denen das nicht mehr reicht. Dann gibt es einfach nicht mehr die Möglichkeit, die eigenen Fähigkeiten und Talente einzubringen in die ausgeübte Tätigkeit, weil der Beruf einfach nicht mehr passt. Weil der Beruf sich verändert hat, die Branche oder wir selbst. Weil wir uns vielleicht in eine Richtung weiterentwickelt haben, über die Jahre Fähigkeiten erworben haben, die nicht zu dem passen, was wir tun. Dann ist das Störgefühl groß, das sich jeden Tag einschleicht. Dann fühlen wir uns entfremdet in dem, was wir tun, sehen weder Sinn noch Freude darin. Dann reicht es definitiv nicht mehr, dass wir damit zwar unser Geld verdienen, aber täglich mindestens acht Stunden unserer Zeit damit verbringen, Dinge zu tun, die uns nichts geben, die uns hohl, leer und öde erscheinen.

Das kann passieren. Gerade in der Lebensmitte, wenn wir den Stab über die Zeit brechen und wissen, dass auch wir nur begrenzt auf dieser Erde unterwegs sind. Wir nicht mehr bereit sind, jeden Kompromiss zu schließen und jeden Preis zu zahlen. Denn jetzt wollen wir herausfinden, wie wir die Zeit, die uns noch bleibt, wieder mit Freude füllen können, mit unseren eigenen Zielen und Plänen, die uns entsprechen, mit all unserer Erfahrung, unserem Können, unserem Wissen. Zielen und Plänen, die uns als Person und uns als Selbst entsprechen. Wenn wir entschlossen sind, unser eigenes Leben zu leben, nicht das der anderen, dann gilt es noch viel mehr darauf zu achten, wann wir erfüllt und im Flow sind, wann wir unsere volle Aufmerksamkeit so auf eine Sache richten, dass wir alles um uns herum vergessen.

Doch woran erkennen wir sie? Was macht sie aus, diese Freude am Tun? Wie muss eine Aufgabe beschaffen sein, dass sie uns wirklich Freude macht und ein Flow-Erlebnis schenkt? Mihaly Csikszentmihaly stellt eine Phänomenologie der Freude mit acht Hauptkomponenten auf. Diese beinhaltet zunächst, dass wir uns einer Aufgabe grundsätzlich gewachsen fühlen und sie uns nicht von vornherein überfordert, dann, dass wir die Fähigkeit aufbringen, uns ganz darauf zu konzentrieren, uns klare Ziele setzen und auch Rückmeldung erfahren, ob wir diese erreichen. Schließlich ist eine »tiefe, aber mühelose Hingabe« (Mihaly Csikszentmihaly, Flow, S. 74) gefordert, die alles andere ausblendet, sowie das Gefühl, dass wir im Griff haben, was wir tun, und dabei uns selbst mit unseren Sorgen und Befindlichkeiten ausblenden, ja schließlich Zeit und Raum um uns herum vergessen.

Gibt es Momente in unserem Leben, die geprägt sind von dieser inneren Klarheit, in der wir ohne Zweifel genau wissen, was wir tun? Und wenn ja, wann und bei welcher Gelegenheit? Im beruflichen Alltag oder im privaten Bereich? Oft empfiehlt es sich auch, einen Blick in die Vergangenheit zu werfen, auf alte Träume und Visionen. Auf Dinge, die man irgendwann mal gerne tat und vielleicht im Alltag vernachlässigt hat. Dann geht es auf Spurensuche im eigenen Leben nach den Momenten, die uns glücklich machen oder machten. Das kann alte Leidenschaften und Hobbys, verschüttete Talente und begrabene Begabungen ans Licht holen. Das kann alte Wünsche und Sehnsüchte zutage fördern. Es lohnt sich, sein Leben zu durchforsten und sich hineinzuversetzen in Situationen, in denen man ganz bei sich war.

Und sich zu fragen: Wann war ich glücklich und erfüllt? In welchen Lebensphasen? Was genau habe ich da gemacht? Wie hat es sich angefühlt? Was habe ich dazu gebraucht? Denn darum geht es letztlich, um besser zu leben, um dem guten Leben näherzukommen: um Freude und um Glück.

Glück ist ein großes Wort. Und doch gibt es keine einheitliche Definition dafür. Glück hat viele Erscheinungsformen und was wir persönlich unter Glück verstehen, definieren wir letztlich selbst. Wir sprechen davon, Glück gehabt zu haben in einer Situation, wenn wir gerade noch die U-Bahn erwischt oder das letzte Kleid in der richtigen Größe bekommen haben. Manchmal haben wir sogar

Glück im Unglück und kommen bei einem Autounfall mit einem Blechschaden davon.

Mehr sind wir dann schon gefordert – gerade in Lebenskrisen –, das kleine Glück zu entdecken, das »Wohlfühlglück«, wie der Philosoph Wilhelm Schmid es in seiner Typologie nennt (Wilhelm Schmid, Glück, S. 16). Es lebt im Augenblick und offeriert uns manchmal eine Tasse Tee und manchmal einen Sonnenuntergang, es duftet nach Rosen oder schmeckt nach Pfirsich, es schenkt uns einen launigen Abend mit Freunden, eine unvergessliche Nacht. Es ist vergänglich, und dennoch ist es Glück. Vor allem eines, das wir selbst herbeiführen können, wenn wir darauf achten. Wenn wir unsere Sinne ausfahren und entdecken, was uns guttut. Was wir schön finden, was uns in diesem Moment beglückt. Die Lebensfreude gesellt sich dann zu diesem Glück.

In dunklen Phasen fällt das schwer. Dann braucht es Übung, um diese kleinen Glücksmomente wieder zu erkennen. Doch sie sind es letztlich, die langsam unsere Tage wieder heller machen.

In der Fortgeschrittenenübung soll dann all das, was uns Sorgen macht, Schmerzen verursacht und Kummer bringt, ins Glück miteinbezogen werden. Das erfordert, über die eigenen Widersprüchlichkeiten hinaus auch die des Lebens auszuhalten, nicht nur mit der eigenen Unzulänglichkeit zu leben, sondern auch mit der äußeren, die das Leben uns zumutet. Und trotzdem nicht zu verzweifeln und zu verzagen. Sondern es anzunehmen, wie es ist, nicht nur mit dem Schönen, sondern auch mit dem Schrecklichen, nicht nur mit dem Positiven, sondern auch mit dem Negativen. Es ist ein Glück, das die Gesamtheit des Lebens umfasst, das »Glück der Fülle«, wie Wilhelm Schmid es nennt (Wilhelm Schmid, Glück, S. 28), das

»philosophische Glück«, das die Antike in den Begriff der »Eudaimoía« packte.

Dieses Glück kann dauern, kann über den Moment hinaus verweilen. Es ist der Begleiter des guten Lebens und stellt sich von alleine ein. Und es geht Hand in Hand mit dem Sinn, der hinter diesem Glück steht und eigentlich gemeint ist, wenn man von diesem Glück spricht.

Voraussetzung dafür ist, so der Philosoph Wilhelm Schmid, dass wir die richtige Haltung dem Leben gegenüber einnehmen, uns dem Leben anvertrauen, im Leben selbst Flow finden, wie er es so treffend beschreibt:

Das Selbst überlässt sich dabei ganz und gar einer Sache, einer Situation, einem anderen Menschen, gibt sich in Passivität oder Aktivität selbstvergessen dem Leben hin, vollkommen erfüllt von den reichen inneren Ressourcen des Fühlens und Denkens, die dabei frei werden, fern von den äußeren Scharmützeln, die um knappe Ressourcen etwa der Aufmerksamkeit geführt werden. Die Zeit, ohnehin vielleicht nur eine menschliche Erfindung, wird nicht mehr wahrgenommen. ›Dem Glücklichen schlägt keine Stunde.‹
(Wilhelm Schmid, Glück, S. 32f.)

Das ist das Ziel hinter dem Ziel: Flow, Sinn, Glück und Freude nicht nur in der Tätigkeit allein oder in der Beziehung mit Menschen zu erleben, sondern im Leben selbst. Das macht es aus, das gute Leben. Dieses Glück, das mit dem guten Leben so eng verbunden ist, lässt sich auf direktem Weg nicht ansteuern. Und dennoch können wir selbst etwas dazu beitragen.

Um eine Basis dafür zu schaffen, gilt es, die beiden wichtigsten Bereiche zu durchleuchten: zunächst unsere

Beziehungen zu den Menschen zu hinterfragen, zu prüfen, wer uns guttut, den Menschen um uns herum eine neue Bedeutung und dadurch unseren Begegnungen eine neue Qualität zu geben. In einem zweiten Schritt nun sind unsere Tätigkeiten dran: Auch sie gilt es, wieder auf eine neue Stufe zu heben. Indem wir den Sinn in unseren Aufgaben erkennen und indem wir jene Tätigkeiten ausweiten, die wir gern tun, und andere dafür zurückfahren. Indem wir uns also auf das Wesentliche konzentrieren, das für unsere Person geeignet ist, das, was wir besonders gut können. Und dafür dann nach Möglichkeit weglassen, was nicht zu unseren Fähigkeiten passt. Vor allem kommt es darauf an, dass wir auch hier das rechte Maß für uns finden, eine Ausgewogenheit und Balance, die uns entspricht und guttut.

Jetzt sollten wir auch den Mut aufbringen, tiefer zu graben und hervorzuholen, was wir wirklich können, was wir wirklich machen wollen, was uns wirklich Freude schenkt, indem wir nicht nur den äußeren Gegebenheiten gerecht werden, sondern auch uns selbst. Dann sind wir aufrecht und gradlinig, dann handeln wir nach unserem wahren Wesen und tun, was uns wirklich entspricht. Dann handeln wir im wahrsten Sinne selbstbestimmt. Und finden Freude an unserem Tun, Freude auch an uns selbst, an unserem Können, Schaffen und Wirken. An dem, was schon gelingt, und dem, was wir noch planen. Diese Freude ist pure Motivation, sie hilft uns, uns zu entwickeln und zu lernen, sie sport uns immer weiter an, »etwas zu tun, was uns über die Gegenwart hinaus in die Zukunft trägt« (Mihaly Csikszentmihaly, Flow, S. 345). Kein Bonus dieser Welt kann diese Motivation erzeugen, im Gegenteil, manchmal bremst und behindert eine äußere Belohnung uns sogar, zumindest auf die Dauer. Wahre

Motivation kommt vielmehr aus uns selbst heraus, aus der Freude an unseren Fähigkeiten, aus der Möglichkeit, etwas zu bewegen, und aus den Zielen, die unsere eigenen werden.

Wenn uns diese Freude und Motivation fehlt, uns der Sinn im Arbeiten abhandengekommen ist und wir diesen Missstand nicht beheben können, kann das bedeuten, dass wir wirklich einen großen Schnitt in unserem Leben machen müssen. Dass wir hinter uns lassen, was uns nicht mehr entspricht und uns kostbare Energie raubt. Es kann bedeuten, dass wir unseren Beruf, der uns jahrelang ernährt hat, aufgeben und uns eine neue Tätigkeit suchen, die wieder zu uns passt. Dass wir im Idealfall unsere Berufung leben.

Dieser Schritt will wohl überlegt sein, denn es kann sein, dass wir dann auf so manches Materielle verzichten müssen. Dann müssen wir wissen, was wir missen können und was nicht. Wie viel Geld und Lebensstandard wir brauchen, um uns wohlzufühlen. Wie wir unseren Entschluss absichern können, vielleicht auch magere finanzielle Zeiten überbrücken können. Es will auch wohl überlegt sein, was Freunde und Familie zu diesem Entschluss sagen, und ob man auf Unterstützung zählen kann oder nicht. Doch nicht nur um äußere Unterstützung geht es, sondern auch um die eigene. Welche Ressourcen habe ich, um diesen großen Changemanagement-Prozess zu überstehen? Denn das ist es letztlich: Eine Veränderung, die viele nach sich ziehen wird, die nicht nur an der Oberfläche kratzt, sondern vielleicht das ganze Leben auf den Kopf stellt. Dem muss man begegnen können, dafür muss man gewappnet sein. Dafür muss man sich seiner Stärken bewusst werden, sich fragen: Wie habe ich andere Veränderungen im Leben gemeistert? Wie habe ich Hindernisse überwunden, die bei früheren Herausforderungen im Weg standen? Auf welche meiner Stärken kann ich bauen und mich verlassen? Was habe ich in vergleichbaren Situationen gemacht? Wer könnte mir ein Vorbild sein? Von wem könnte ich etwas lernen, das mir weiterhilft? Und wen könnte ich fragen, wenn es brenzlig wird? Es ist entscheidend, sich diese Fragen zu stellen und einen Blick darauf zu werfen, wie sie aussehen, unsere persönlichen Erfolgsstrategien. Denn sie schenken uns Kraft und Zuversicht. Aber keine Bange: Jeder von uns hat seine Erfolgsstrategien, jeder hat schon knifflige Situationen, Herausforderungen und Veränderungen überstanden. Wir sind sozusagen Experten darin. Auch darin, neu anzufangen, uns neu zu erfinden und Rückschläge zu verkraften, wenn es mal schwierig wird auf unserem Weg.

Vor allem aber müssen wir ein klares Ziel vor Augen haben und wissen, wie genau es aussehen soll, unser neues Tätigkeitsfeld. Wie es sich anfühlen soll. Wie die Umgebung sein wird. Wo wir arbeiten wollen. Was wir alles dafür brauchen. Ob es für uns wirklich attraktiv ist, uns das ermöglicht, was es soll: unsere Begabungen auszuleben, unsere Fähigkeiten einzubringen, unser Potenzial zu entwickeln. Und wieder sind wir an dem Punkt, die Dinge nicht nur richtig zu tun, sondern die richtigen Dinge zu tun. Die, die zu uns passen und uns guttun. Die, die uns Freude schenken und Erfüllung. Die uns keine Kraft rauben, sondern neue Energie schenken. Die uns nicht länger vom eigenen Leben entfremden, sondern uns einbinden in das große Getriebe des Lebens. Die uns zeigen, wo unser Platz auf Erden ist, wo wir richtig sind und aufgehoben. Wo wir uns verwirklichen können und wirken können. Für uns und für andere.

Das gilt in jedem Fall für unser berufliches Tätigkeitsfeld, für unsere Arbeits- und Alltagszeit. Doch was ist mit unserer Freizeit? Wie füllen wir sie? Womit verbringen wir sie? Lenken wir uns dann nur ab und betäuben unsere Unzufriedenheit im Getümmel der Spaßkultur? Gehen shoppen, sehen fern oder treffen uns auf ein Bier oder auch zwei oder drei? Nutzen wir unsere freie Zeit nur, um die Batterien wieder aufzuladen, damit wir weiter funktionieren und leisten, was wir leisten müssen? Oder gönnen wir uns Mußestunden, in denen wir unsere Seele baumeln und unseren Geist wandern lassen? In denen wir wirklich entspannen und zu uns kommen. In denen wir vielleicht einfach auch wieder wie die Kinder in unseren Leidenschaften und Hobbys versinken und Zeit und Raum um uns vergessen. Oder sind uns diese Hobbys abhandengekommen, weil wir keine Zeit mehr dafür hatten? Wissen wir etwa gar nicht mehr, womit wir sie gern verbringen, unsere Zeit?

Beides gehört zu unserem Leben: die Anspannung und die Entspannung, die Arbeit wie die Muße, die berufliche Tätigkeit und unsere Hobbys. Beides hat seine Berechtigung, beides braucht seine Zeit, beides bedarf des richtigen Maßes. Worin es für uns besteht, müssen wir selbst herausfinden. Wie die Balance zwischen Alltagszeit und Freizeit aussieht, liegt an uns. Auch wie wir unsere freie Zeit füllen. Lernen wir, wieder auf unsere Bedürfnisse zu achten, zu erkennen, wann wir den Geist einmal schweifen lassen sollten, wann wir auch in unserer Freizeit Anregung brauchen und Ansporn, wann wir Freude empfinden und wann wir bei uns sind.

Worauf also kommt es an? Darauf, uns unsere Bedürfnisse einzugestehen, nicht nur im Hinblick darauf, mit welchen Menschen und mit welchen Beziehungen wir unsere Zeit verbringen wollen, sondern auch mit welchen

Tätigkeiten – im beruflichen Umfeld, aber auch in unserer Freizeit. Uns darüber klar zu werden, was wir gerne tun und richtig gut. Und darauf, uns endlich einzugestehen, was wir tun wollen, und es uns dann auch zu erlauben. Herauszufinden, wo unsere Fähigkeiten liegen und unsere Stärken, und sie einzubauen in unser Tun. Unseren Alltag auf Sinn abzuklopfen, Zusammenhänge zwischen uns und unseren Zielen herzustellen oder neue Ziele zu definieren. Die Bedeutung in unseren Aufgaben zu suchen und, wenn das nicht reicht, sich neue Aufgaben zu suchen, die besser zu uns passen, zu unserer Person und zu unserem Können. Die Balance zu finden zwischen Arbeit und Muße, das rechte Maß für sich zu entdecken im eigenen Tun. Nicht aufzugeben, sondern weiterzumachen. Sich Freude und Motivation, Schwung und Elan zurückzuholen, Begeisterung und Hingabe. Gerade in der Lebensmitte. Vielleicht sogar neu anzufangen. Wenn nicht jetzt, wann dann?

Das erfordert großen Mut und viele kleine Schritte. Am Anfang steht das Eingeständnis, dass sich etwas ändern soll, die Selbsterkenntnis dessen, was wir wirklich wollen. Am Ende steht die Aussicht, nicht nur in unserem Tun und in unseren Beziehungen zu Menschen, sondern auch mit dem Leben im Flow zu sein. Und das ist Glück. Ein Glück, das von innen kommt und nach außen strahlt, das uns dem guten Leben, dem sinnerfüllten Leben einen großen Schritt näherbringt. Ein Glück, das nicht mit Geld zu kaufen ist, das nicht nur aus einer Kette von kleinen Glücksmomenten besteht, so sehr wir auch diese für unser Leben brauchen. Es ist ein Glück, das nicht von äußeren Ereignissen abhängt, sondern von der inneren Haltung zu dem, was geschieht. Es ist ein Glück, für das wir bereit sein müssen, das wir nicht suchen, sondern nur finden können, »wenn wir vollständig eins sind mit jeder Einzelheit unseres Lebens, gleich, ob gut oder schlecht, nicht, indem wir direkt danach suchen« (Mihaly Csikszentmihaly, Flow, S. 14).

Das Leben ist nicht theoretisch zu bewältigen, sondern nur praktisch. Reines Reflektieren hilft wenig, wenn dem kein Handeln folgt. Wie gut ein Leben gelingt und ob es die Aussicht auf ein dauerhaftes Glück nach sich zieht, hängt nicht zuletzt davon ab, wie wir handeln, was wir tun. Ob wir die richtigen Dinge tun, die wesentlich für uns sind und von Bedeutung. Finden wir es heraus. Fangen wir also an, nicht nur Steine zu klopfen, sondern unsere Kathedrale zu bauen.

Stärken, Fähigkeiten und Talente erkennen – Leitfragen und Handlungsimpulse für Arbeit und Beruf

Loten Sie zunächst Ihre Kompetenzen und Fähigkeiten aus:

- Was können Sie richtig gut? Wo liegen Ihre Stärken? Ihre Talente? Ihre Begabungen? Denken Sie dabei auch an die Vergangenheit und Ihre Hobbys.
- Welche Fähigkeiten haben Sie, welche Kenntnisse?
- Was fällt Ihnen extrem leicht, sodass Sie es gar nicht als Arbeit wahrnehmen?
- Was machen Sie richtig gern und vergessen die Zeit dabei?

Dann geht es um Ihre Ziele und Erwartungen. Formulieren Sie möglichst konkret persönliche Ziele für Ihre Arbeit, die für Sie attraktiv sind und die Sie selbst initiieren und realisieren können. Achten Sie darauf, dass es positiv formulierte Ziele sind, und setzen Sie sich ein Zeitfenster:

- Was wollen Sie? Wo liegen Ihre persönlichen Ziele?
- Welche Ziele und Erwartungen verknüpfen Sie mit Ihrer Arbeit? Entwickeln Sie auch eine Perspektive für die Zukunft: Was gilt in einem Jahr, was in drei und fünf Jahren? Langfristig können Sie diese Erwartungen mit konkreten Ergebnissen vergleichen und so wiederum einen Rückschluss auf Ihre Stärken bekommen.

Legen Sie für sich fest, was Ihnen wichtig ist, und setzen Sie Prioritäten:

- Was motiviert Sie von innen heraus? Was machen Sie freiwillig, gern und oft, was weniger? Was würden Sie gern ausbauen, was einschränken?
- Welche Aufgaben, Projekte, Tätigkeiten machen Ihnen Freude? Wobei fühlen Sie sich wohl und energiegeladen? Was laugt Sie aus, erschöpft Sie?
- Was ist Ihnen wichtig an Ihrer Arbeit? Betrachten Sie die Bereiche: Inhalte und Aufgaben, Eigenständigkeit, Einfluss, Perspektive und Lernen, Anerkennung und Wertschätzung, Erfolg, Geld, Status, Team und Kollegen, Arbeitsumfeld und Work-Life-Balance, Sinn und Identifikation.

Machen Sie sich Ihrer Ressourcen bewusst:

- Was brauchen Sie, um Ihre Ziele zu erreichen? Welche Ihrer Stärken und Fähigkeiten nutzen Ihnen?
- Wer kann Sie unterstützen, Ihnen helfen?

Legen Sie eine Strategie fest, wie Sie vorgehen wollen:

- Definieren Sie einzelne Schritte, die Sie zu Ihren Zielen führen, und planen Sie Zeitfenster für jede Etappe ein.
- Wann und womit fangen Sie an? Was bringt Sie voran? Was gilt es zu beachten?

Was Sie noch tun können:

- Einige der Leitfragen eignen sich auch dafür, Sie von Ihrem Partner, Freunden oder (ehemaligen) Kollegen, denen Sie vertrauen, beantworten zu lassen. Holen Sie sich ein ehrliches Feedback über Ihre Stärken!
- Legen Sie ein Tagebuch an und notieren Sie sich über einen längeren Zeitraum, welche Tätigkeiten, Aufgaben, Begegnungen Ihnen Freude gemacht haben, was Ihnen Energie geschenkt hat und für Sie sinnvoll war – und was nicht.
- Stellen Sie ein Ranking Ihrer größten Stärken, Fähigkeiten und Talente auf. Notieren Sie auch, wo Ihre Schwächen liegen und welche Aufgaben Sie gern zurückfahren würden.
- Stellen Sie ein Ranking der wichtigsten Bereiche Ihrer Arbeit auf.
- Suchen Sie sich professionelle Beratung oder einen Coach, vor allem, wenn größere Veränderungen anstehen und Sie nach einer beruflichen Neuausrichtung suchen.

Von der verlorenen Illusion zum Wesentlichen – unsere Werte und Prioritäten

Wenn wir dann innehalten an einem Wendepunkt in unserem Leben und einen Blick zurückwerfen, packt uns mitunter das Entsetzen: Was war uns nicht alles wichtig? Die Karriere, der Job, der Erfolg, das Haus, das Boot, das Auto, unser Aussehen und unser Ansehen, unsere Fassade von außen. Viel Zeit haben wir darauf verwendet und viel Energie, ein Bild von uns zu entwerfen, das glatt und schön und möglichst perfekt ist – der Norm entsprechend. Und den Erwartungen der anderen, wer auch immer sie sein mochten: die Eltern, die Freunde, die Vorgesetzten, manchmal der Partner, manchmal aber auch wir selbst. Wir haben funktioniert, uns eingepasst in den klassischen Lebenslauf und damit durchaus auch Erfolg gehabt. Wir haben an uns gearbeitet wie ein Bildhauer an seiner Statue: Wir haben den Stein so lange bearbeitet und behauen, bis seine Oberfläche glatt und poliert war, und dem entsprach, was wir sehen wollten, was wir anderen von uns zeigen wollten. Haben unsere Schwächen kaschiert oder verleugnet und uns zu dem Bild stilisiert, das wir der Welt präsentieren wollten und an das wir selbst irgendwann dann glaubten. Wir haben einen Schleier von Illusionen über die Wirklichkeit geworfen, wie Anselm Grün das einmal so treffend beschrieben hat (Anselm Grün, Führen mit Werten, S. 52) und uns dahinter versteckt – verschanzt.

Das kann gut gehen lange Zeit, doch irgendwann bekommt dieser Schleier Risse, irgendwann, ausgelöst durch ein äußeres Ereignis oder durch die innere Einsicht, dass das Leben endlich ist, blättert der Lack ab von unserer Fassade. Vielleicht ist dies noch nicht sofort nach außen sichtbar, aber für uns bereits fühlbar. So wie für Nina M.

aus der Fallgeschichte, die durch den Tod der Eltern aufgerüttelt wird. Und dann fragen wir uns, was das alles soll. Wie lange wir uns noch vormachen wollen, dass wir ewig Zeit haben, dass alles in unserem Leben stimmt, dass wir doch da sind, wo wir hingehören, dass wir tun, was wir wirklich wollen, dass wir wissen, was uns wichtig ist. Wie lange wollen wir uns noch ablenken und betäuben, wie lange noch weglaufen vor der Wahrheit? Wie lange wollen wir uns noch belügen, wie lange noch eine Illusion aufrechterhalten, die längst verblasst ist und keinen Glanz mehr auf unser Leben wirft? Weil sie längst nichts mehr mit uns zu tun hat, weil sie dem Anschein genügt, aber nicht mehr uns selbst.

Wenn wir ehrlich sind, und das sollten wir zumindest uns selbst gegenüber sein, das haben wir verdient. Zumindest jetzt, in der Mitte unseres Lebens. Zumindest, wenn wir an einem Wendepunkt stehen. Wenn nicht jetzt, wann dann ist es Zeit, falsche Vorstellungen über Bord zu werfen und nach dem Echten und Wahren, dem Richtigen und Wichtigen zu suchen, es anzuerkennen, dazu zu stehen und nach außen zu zeigen, was in uns ist?

Ziehen wir also Bilanz: Was ist gelungen in unserem Leben? Was nicht? Worauf haben wir unsere Aufmerksamkeit gerichtet und unsere Energie? Was haben wir dafür zurückgestellt, vielleicht sogar vernachlässigt? Worauf sind wir stolz? Was war uns wirklich wichtig und ist es noch heute? Wo liegen unsere Prioritäten und was sind unsere Werte? Haben wir überhaupt Prioritäten gesetzt und ausgewählt? Was macht uns zufrieden, vielleicht sogar glücklich? Was hat uns verletzt, gekränkt, aus der Bahn geworfen? Und warum? Und wie haben wir doch jedes Mal die Kurve gekriegt, haben uns aus einem Schlamassel befreit, sind aus einer schwierigen Situation wieder herausgekommen und haben neuen Mut gefasst? Es ist wichtig, sich gerade auch jener Fähigkeiten bewusst zu werden, die uns immer wieder aus misslichen Lagen herausgehievt haben. Wir alle haben diese Fähigkeiten. Sie sind unsere Erfolgsstrategien im Leben, unabhängig von dem erworbenen Wissen, das wir haben, den Kompetenzen, die wir im Lauf der Zeit hinzugewonnen haben. Sie machen uns zu Überlebenskünstlern, zu Spezialisten für Veränderungsprozesse, sie lassen uns nicht resignieren, sondern immer wieder aufstehen.

Resilienz heißt das Zauberwort. Sie ist ein gefragtes Gut. Nicht umsonst bewundern wir Menschen, denen es gelingt, selbst in ausweglosen Situationen bei sich zu bleiben, die darin keine Bedrohung sehen, sondern eine Herausforderung. Die sich von Hindernissen und Erschwernissen nicht abhalten lassen, sondern weitermachen und selbst ein Scheitern nicht als Scheitern sehen, sondern daran wachsen und reifen, ja daraus lernen. Resilienz ist die Grundlage für Erfolg, aber auch ein wesentlicher Zug der Freude. Denn wenn wir eine schwierige Situation gemeistert haben und die Herausforderungen bewältigt haben, macht sich Freude breit und Stolz. Dann haben wir zwar vielleicht Federn gelassen, sind aber dennoch gestärkt aus dieser Situation herausgekommen. Dann haben wir etwas gelernt fürs Leben.

Auch Misserfolge haben ihren Platz im Leben. Wir können uns also getrost auch ihnen zuwenden. Denn schließlich haben wir sie überwunden. Es ist nur ehrlich sich selbst gegenüber, auch diese Phasen anzuerkennen und rückblickend zu reflektieren, was wir daraus gemacht haben. Uns zu verzeihen, wenn wir Fehler gemacht haben, uns aber auch Anerkennung zu schenken für das, was gut gelaufen ist. Ja, mit dem Scheitern Frieden zu schließen und mit uns selbst. Die eigenen Erfolge annehmen zu können und sich daran zu freuen.

Für eine gelingende Zukunft ist es wichtig, unsere Vergangenheit anzunehmen, wie sie ist, uns mit ihr zu versöhnen, sie neu zu bewerten und sie nicht als verloren zu betrachten, sondern sie als wichtigen Schritt auf unserem Weg zu sehen. Auch den Misserfolgen einen Wert beizumessen. Auch den Umwegen und Irrwegen, wenn wir falschen Fährten gefolgt sind, falsche Prioritäten gesetzt haben. Aus all dem zu lernen, zu wachsen, gerade auch die gemachten Versäumnisse als wertvoll für unseren Neuanfang zu erkennen.

Voraussetzung dafür ist, dass wir den Mut aufbringen, hinter die Fassade zu blicken. Das kann manchmal wehtun. Es erfordert nicht nur Mut, sondern auch Demut, sich in die eigenen Niederungen zu begeben. Noch einmal durchlaufen wir im Geiste unser Leben, nehmen noch einmal die Schlappen hin, fühlen noch einmal die Unsicherheit, spüren noch einmal Angst und Verzweiflung. Stellen uns noch einmal den Fehlern und Verfehlungen, den Dingen, die wir verleugnet haben in unserem Leben.

Doch wir erkennen dabei auch unsere Stärken, erkennen, worin sie bestehen, unsere ganz persönlichen Erfolgsstrategien. Was uns geholfen hat und auch heute wieder helfen kann, wenn wir die nächste Herausforderung angehen: unser Leben für die Zukunft auszurichten, es so zu gestalten, dass es wieder zu uns passt, dass wir nicht nur eine Illusion von uns entwerfen, sondern dazu stehen, wie wir sind, zu unseren Grundsätzen und Werten, zu unserem eigentlichen Wesen. Mit all unseren Schwächen und unseren Stärken, mit all unserem Scheitern und unseren Erfolgen.

Wenn wir also den Schleier lüften wollen und damit

auch selbst wieder näher dran sein wollen am Leben, müssen wir diesen Blick auf die Vergangenheit, auf unsere Erfolge und Niederlagen, auf unser Inneres riskieren. Denn dieser Schleier war nicht nur ein Schutz, er war auch Schild und schirmte uns ab vom echten Leben, baute eine Distanz auf, als blickten wir wie durch eine Glaswand auf unser Leben.

Doch wollen wir wirklich eine Illusion leben? Den schönen Schein aufrechterhalten, dafür aber ohne Berührung mit dem eigenen Leben bleiben? Oder dem echten Leben? Dann müssen wir ihn lüften, diesen Schleier, und dahinter blicken. Dann müssen wir an der Oberfläche kratzen und Schichten abtragen, so lange, bis wir auf das Wesentliche stoßen, auf unsere innersten Beweggründe, unsere innere Wahrheit. Was soll siegen: die Angst oder der Mut? Die Angst, sich selbst zu begegnen, oder der Mut, sich selbst und der Wirklichkeit ins Auge zu sehen? Zu sich zu stehen und sich zu zeigen als der, der man ist? Auch auf die Gefahr hin, dann Anerkennung und Wertschätzung zu verlieren? Oder der Mut, endlich alle Verschleierung fallen zu lassen und hinzuschauen, was da ist – im Außen und im Innen?

Es geht um Wahrheit und um das Wesentliche. Um das, was wirklich zählt, uns wirklich wichtig ist. Um unsere eigene Realität und die Wirklichkeit da draußen, die wir oftmals nicht sehen wollen. Die wir mit Illusionen verdecken und mit unseren subjektiven Deutungen versehen, denn würden wir uns ihr stellen, müssten wir oftmals anders handeln, als wir es tun. Würden wir der oftmals schonungslosen Wahrheit ins Auge sehen, würden wir uns dem stellen, was an objektiven Fakten gegeben ist, müssten wir Konsequenzen daraus ziehen, manchmal unbequeme, manchmal schmerzliche. Und davor scheuen wir uns. Da ist die Verschleierung einfacher. Da ist es angenehmer, sich selbst etwas vorzumachen und auch den anderen. Doch wir verbauen uns damit auch etwas. Wir vergeben die Chance, zu erkennen, was uns wirklich wichtig ist und uns ausmacht, was Bedeutung für uns hat und Sinn. Die Chance, als der erkannt zu werden, der wir sind. Und als der geschätzt, anerkannt und geliebt zu werden, der wir sind. Und gehört das nicht zu den Dingen, die wir uns wünschen? Ist es nicht gerade in der Lebensmitte endlich Zeit, die Fassade aufzubrechen und der Wahrheit ins Auge zu sehen?

Erst wenn wir den Schleier lüften, können wir einen Blick darauf werfen, was uns wirklich wichtig ist. Jenseits unserer Bedürfnisse, auf einer ideellen Ebene. Was unser Leben ausmacht und unsere Person. Was wesentlich ist. Was unser Tun und Handeln und Denken bestimmt. Was uns berührt und bewegt. Worin unsere Werte bestehen. Was das Echte und Wahre in uns ist.

Was also sind unsere Werte? Was halten wir für richtig oder falsch? Was ist uns so wichtig, dass wir dafür aktiv werden? Dass wir es nicht missen möchten? Dass wir dafür einstehen? Dass wir unser Handeln und Tun danach ausrichten, wenn wir konsequent sind? Was macht unser Leben wirklich schön und befriedigt nicht nur unsere Bedürfnisse? Was bringt unsere besten Seiten zum Vorschein? Wonach sehnen wir uns im tiefsten Herzen? Was macht uns wirklich glücklich jenseits der reinen Bedürfnisbefriedigung?

Sehr schnell erkennen wir an diesem Punkt, dass es hier nicht mehr um Äußerlichkeiten geht, auch nicht mehr um Bedürfnisse, die wir stillen wollen, um uns wohlzufühlen in unserem Leben. Dass wir einen Schritt weiter gehen, tiefer tauchen, hin zu unseren tiefsten Sehnsüchten. Dass wir ihm näherkommen, unserem Wesenskern, unserer eigenen inneren Wahrheit.

Es geht hier also nicht darum, sich zur richtigen Zeit am richtigen Ort das zu gönnen, wonach uns gerade der Sinn steht, weil wir glauben, es täte uns gut. Es geht nicht um menschliche Grundbedürfnisse, die gedeckt sein müssen, damit wir überhaupt auch nur ansatzweise von einem guten Leben sprechen können: Nahrung, Schlaf, Liebe, eine Behausung und damit verbunden eine gewisse Sicherheit, die Zuwendung anderer, die Zugehörigkeit zu einer Gemeinschaft und das Einbringen der eigenen Fähigkeiten. Es gibt viele Arten von Bedürfnissen. Solche, bei denen es ums pure Überleben geht, und solche, die unsere Gesundheit betreffen, unsere Sicherheit oder unsere Freiheit. Es gibt Bedürfnisse, bei denen es um unser Wohlgefühl geht, um Liebe, Achtung und Respekt, und solche, bei denen sich alles um unsere Fähigkeiten und unsere Selbstverwirklichung dreht. All diese Bedürfnisse sind wichtig, damit es uns gut geht, und doch reichen unsere Werte noch einen Schritt darüber hinaus.

Einen Wert können nur wir selbst für uns definieren. Er hat unmittelbar mit uns zu tun, mit unserem Erleben, er ist individuell. Was ist uns etwas wert? Was ist wirklich wichtig für uns? Etwas, das uns berührt, uns anspricht, uns interessiert, uns fesselt und uns begeistert. Etwas, das nicht im Überfluss zu haben ist, bedeutsam für uns ist, heraussticht aus der Masse, der Fülle der Möglichkeiten – das einen Bezug zu uns hat. Ein Wert ist *etwas*, *nicht alles*. Etwas, das für uns ganz speziell wichtig ist und bedeutsam. So sehr, dass wir dafür einstehen und dafür eintreten. So sehr, dass es uns ausmacht. Und das Beste aus uns herausholt, uns unsere Möglichkeiten aufzeigt, auch über uns selbst hinaus, auch für die Gemeinschaft. Wenn wir uns dafür entscheiden, unseren Werten zu folgen und sie zu verwirklichen. Es geht um Auswahl: nicht alles zu tun und zu wollen, sondern das für uns Richtige und Stimmige. Nicht jede Option zu ergreifen, sondern nur jene, die im Einklang ist mit dem, was uns wichtig ist, was zu unserem Wesen und unseren grundsätzlichen Werten passt. Es geht darum, Prioritäten zu setzen und auch manches zu lassen. Nicht beliebig zu handeln, sondern gezielt. Und dazu zu stehen. Werte brauchen die Reibung mit der Realität. Sie bilden sich letztlich in der Beziehung zu anderen Menschen heraus, in der täglichen Erprobung, sie entfalten ihre Gültigkeit erst im Einsatz.

Das gilt vor allem für jene Werte, die über uns hinausgehen, die für uns nicht nur subjektiv einen Wert darstellen und von Bedeutung sind, sondern für alle Menschen, für das Zusammenleben miteinander, für das Miteinander, für die Gemeinschaft.

Viele dieser Werte haben wir schon in unserer Kindheit übernommen, aus unserer Ursprungsfamilie in unser Denken übertragen, im Laufe unserer Erziehung eingeübt. Wir brauchen sie, damit jede Form von Gemeinschaft funktioniert, ob in der Familie oder in der Gesellschaft, damit das Miteinander gelingt. Gegen einige haben wir uns vielleicht aufgelehnt, rebelliert, sie abgelehnt für uns und uns bewusst dem Gegenteil verschrieben. Einige haben wir im Laufe der Zeit erzeugt und für uns als Maßstab gesetzt. Einige haben ihre Gültigkeit behalten, andere nicht. Einige haben wir verleugnet, weil sie kollidierten mit den Werten unserer Umgebung. Einige haben wir verdrängt. Einige haben wir uns bewahrt.

Wie steht es also um unsere Werte? Welches sind Werte aus unserer Herkunft, die immer noch zählen, welches unsere eigenen und persönlichen Werte? Welche kollektiven

Werte haben für uns Bedeutung? Welche Werte stehen ganz oben in unserer Hierarchie, welche sind nachgelagert?

Und wieder geht es um eine Bestandsaufnahme und eine Standortbestimmung, wieder geht es darum, uns zu fragen: Was davon hat Bestand, hat wirklich mit uns zu tun? Was bedeutet uns etwas? Was macht uns glücklich? Wonach sehnen wir uns? Gemeint sind hier nicht Äußerlichkeiten, Aktionen und Situationen, Erlebnisse und Ereignisse, sondern ideelle Dinge, die unabhängig sind von äußeren Umständen. Was also ist wesentlich für uns und wirklich wichtig? Und wo haben wir uns vielleicht all die Jahre verbiegen lassen, obwohl wir ein ungutes Gefühl dabei hatten? Wo haben wir Zugeständnisse gemacht, die uns nicht wirklich gut getan haben? Wo sind wir den Erwartungen von außen gefolgt, ohne auf das zu achten, was für uns richtig und wichtig war? Wo haben wir die Wirklichkeit verschleiert und unsere innere Wahrheit verleugnet? Wo kollidieren unsere Werte mit denen unserer Umgebung, unserer Arbeit? Und ist es das, was uns Unbehagen verursacht, jeden Tag und immer mehr, so wie es Nina in der Bank ergeht?

Jeder hat sein eigenes Wertesystem, das über die Jahre gewachsen und geworden ist. Das sich vielleicht auch verändert hat und noch mal verändert in der Lebensmitte. Weil wir dann genauer hinsehen und neue Prioritäten setzen, weil dann nicht unbedingt mehr wichtig ist, was früher galt. Weil Erfolg dann vielleicht nicht mehr an erster Stelle steht, sondern Gesundheit. Weil wir erkennen, dass Harmonie uns wichtig ist, und nicht so sehr Perfektion. Weil Selbstbestimmtheit an Wert gewinnt und das Pflichtbewusstsein zurückdrängt. Weil Ruhe erstrebsam wird und nicht mehr Abenteuer. Es ist nicht einfach, in unserer komplexen, beschleunigten Wirklichkeit, die eine Fülle von Möglichkeiten offeriert, die für uns wertvollen herauszufiltern. Sich immer wieder neu zu entscheiden, was stimmig ist für uns und was nicht. Eine Unterscheidung zu treffen, zu erkennen, was für uns Bedeutung hat. Was unseren Werten entspricht, was wir als gut und richtig empfinden, und was nicht. Und Prioritäten zu setzen.

Wir haben die Wahl. Wieder einmal. Wir können uns der Beschleunigung überlassen und möglichst schnell möglichst viele Optionen wahrnehmen, möglichst viel erleben, weil uns das kurzfristig betrachtet »wichtig« erscheint, um den Anschluss nicht zu verpassen, um dabei zu sein, um zu funktionieren, um der Norm zu genügen. Und dabei riskieren, dass wir dafür Dinge vernachlässigen, die langfristig wertvoller für uns wären. Mehr Bedeutung für uns hätten, weil sie besser zu uns passen, weil sie mehr Sinn für uns bereithalten. Es liegt an uns, uns selbst wieder einen Wert beizumessen, uns nicht nur äußerlich wichtig zu nehmen, sondern unserem Wesen zu entsprechen. Uns selbst eine Bedeutung zu verleihen, indem wir auf uns achten, auf die Stimme in uns hören, die uns schon sagt, was richtig oder falsch ist, was wichtig ist für uns und uns berührt. Und was eben nicht. Bewusst auszuwählen und Prioritäten zu setzen. Das ist ganz entscheidend und heute wichtiger denn je. Denn wenn wir versäumen, uns auf unsere Werte zu besinnen und Prioritäten zu setzen, laufen wir langfristig Gefahr, uns selbst zu verlieren.

Was auch immer unsere Werte sind, wir sollten uns ihrer bewusst werden, sie schätzen und anerkennen. Wir sollten lernen, zu ihnen zu stehen. Denn sie machen uns aus, sie sind unser Kompass, sie liefern uns die Orientierung, die uns sonst fehlt. Es ist eine Orientierung aus uns selbst heraus, und sie bedingt, dass wir uns damit auseinandersetzen, was von außen an uns herangetragen wird und was von innen kommt. Dass wir auswählen und Prioritäten setzen. Dass wir uns darüber klar werden, wo unsere Verantwortung beginnt, was alles sie umfasst. Werte brauchen die Erprobung im Miteinander, sie haben nicht nur Gültigkeit für uns, sie besitzen eine Außenwirkung und bestimmen, wie wir miteinander umgehen, vor allem, wenn es um jene höheren Werte geht, die für die Gemeinschaft wichtig sind. Werte erfordern, dass wir zu ihnen stehen, auch im Ernstfall. Wenn die eigenen Wertvorstellungen mit der Umgebung kollidieren, wenn unsere persönlichen Werte nicht mehr zu den Unternehmenswerten passen, die unseren Arbeitsalltag prägen, wenn wir auch im Privaten allzu lange verdrängen, was uns wirklich wichtig ist, kann es zu Konflikten kommen. Dann ist eine Entscheidung gefragt, die Konsequenzen nach sich zieht, weil wir dann vielleicht neue Prioritäten setzen und die Gewichtung verschieben, um unsere Werte zu verwirklichen und nach ihnen zu leben. Das kann Veränderungen nach sich ziehen, die es auszuhalten gilt. Aber das alles gibt uns auch ein Stück Unabhängigkeit von den äußeren Umständen, verleiht uns Souveränität. Es macht uns frei. Denn dann sind wir in der Lage, uns unsere eigenen Ziele zu stecken, Ziele, die eng verbunden sind mit unseren Werten, die darauf ausgerichtet sind, was uns wirklich wichtig ist. Und die wir dann mit viel mehr Motivation und Elan angehen, weil sie bedeutsam für uns sind und attraktiv, weil sie mit uns zu tun haben und nicht mit irgendwem.

Das erfordert viel Mut und Ausdauer. Das erfordert Entscheidungen und Verantwortung. Seine Werte zu erkennen, zu wissen, was unser höchster Wert ist, neue Prioritäten zu setzen und vor allem danach zu handeln, dies alles passiert nicht von heute auf morgen. Aber die Mühe lohnt sich. Denn wir finden dabei zu uns selbst und gewinnen sie zurück, die Kontrolle über unser Leben. Dann verfolgen wir wirklich unsere eigenen Ziele und keine fremden. Dann sehen wir Sinn in dem, was wir tun. Dann stricken wir an unserer eigenen Geschichte, leben unser eigenes Leben. Und schaffen die wichtigste Voraussetzung dafür, dass es auch gelingt, dass es am Ende ein gutes Leben wird.

Spätestens in der Lebensmitte wird es Zeit dafür. Eine klassische Situation tritt dann ein, wenn die eigenen Eltern alt und krank werden, wenn sie sterben, so wie in Ninas Fall. Dann steht die Frage nach den Werten und nach dem Sinn auf einmal so deutlich vor uns, dass wir sie nicht mehr aufschieben oder umgehen können. Denn dann sind wir die nächste Generation, dann sind wir auch nach außen hin endgültig erwachsen, dann gibt es keine höhere Instanz mehr in Form der Eltern, die uns im Zweifelsfalle sagen, wo es langgeht. Dann liegt es an uns, endgültig oder vielleicht zum ersten Mal wirklich und in voller Konsequenz die Verantwortung für unser Leben zu übernehmen. Weil wir dann erkennen, dass wir nur dieses eine Leben haben. Das erzeugt eine völlig neue Dynamik, das rüttelt auf. Und das verschiebt oftmals die Prioritäten, verlagert die Gewichtung. Da werden Dinge wichtig, die wir früher beiseitegeschoben haben, da wird uns klar, worum es hier eigentlich geht. Nicht um Geld, Erfolg oder den schönen Schein, sondern um unser Leben. Eines, das wir am Ende als ein gutes Leben betrachten wollen, nicht gefüllt mit nichtigen Begegnungen oder oberflächlichen Erlebnissen, sondern erfüllt mit Sinn und Wert und Bedeutung. Dann wissen wir auch, dass wir anfangen müssen, uns darüber klar zu werden, was wichtig und von

Bedeutung für uns ist, was für uns Sinn macht, was unsere eigenen Werte sind, worin unser eigener Wert besteht. Und ihn auch schätzen zu lernen.

»Wert-Schätzung« beginnt bei uns selbst. Sie trägt dazu bei, dass auch wir uns in unserer Bedeutung erkennen, dass wir unsere eigene Wirklichkeit gewordene Möglichkeit erkennen, dass wir uns als Ganzes annehmen können mit unserer Vergangenheit und unserer Gegenwart, mit unseren Fehlern und Fähigkeiten. Sie hilft uns dabei, uns mit uns zu befreunden, liebevoll mit uns umzugehen und die Rebellion gegen uns selbst zu beenden. Uns über uns zu freuen. Uns als der anzunehmen, der wir sind. Sie hilft uns aber auch dabei, diese Wertschätzung nach außen zu tragen. Uns zu zeigen, wie wir sind. Dann werden wir auch gesehen. Nicht als schöne Fassade, sondern als der, der wir sind. Und wir haben die Chance, in unserer Ganzheit angenommen und geschätzt zu werden.

Schaffen wir das bei uns selbst, gelingt auch der nächste Schritt leichter: unserem Gegenüber Wertschätzung entgegenzubringen. Die Menschen sein zu lassen, wie sie sind, sie anzunehmen. Achtung und Respekt zu zollen und Aufmerksamkeit zu schenken. Den Wert jedes Einzelnen zu sehen und damit ihn selbst.

Doch damit nicht genug. Es schließt sich die Frage an: Wenn wir nun unsere Werte und unser Wesen kennen, wie können wir auch konsequent danach handeln? Wie unsere Werte aus dem lichtlosen Dasein befreien, das sie vielleicht bisher gefristet haben?

Es erfordert Ehrlichkeit und Standhaftigkeit, zu offenbaren, was uns wichtig ist, und unser Handeln danach auszurichten. Auch wenn es eine Kurskorrektur bedeuten kann, auch wenn es unbequem und überraschend ist, auch wenn es vielleicht sogar auf Unverständnis stößt. Auch wenn es dann zu Kollisionen kommt. Das gilt es auszuhalten und unserer Umgebung mit Geduld zu begegnen, damit sie sich einstellen kann auf das Neue, das vielleicht Ungewohnte. Doch das ist es im wahrsten Sinne wert: Denn dann klafft nicht länger eine Kluft zwischen Innen und Außen, dann fühlen wir uns nicht mehr zerrissen, weil wir anders handeln, als es unserer inneren Wahrheit entspricht. Dann sind wir wieder echt, authentisch, dann sind wir wieder oder erstmals wir. Die Kunst ist, dann bei sich zu bleiben, die einmal gefundene Wahrheit auch zu bewahren und zu leben, die Werte, die wir als wesentlich für uns erkannt haben, auch zu verwirklichen. Konsequent zu bleiben, ohne stur zu sein. Uns treu zu bleiben, ohne unsere Flexibilität einzubüßen. Den Grat zu finden, auf dem wir gehen müssen, damit wir auf unserem Weg bleiben und trotzdem der Realität begegnen.

Geduld gehört dazu und Standhaftigkeit. Aber wer, wenn nicht wir selbst, soll zu uns stehen? Wer, wenn nicht wir selbst, kann zeigen, was in uns steckt? Es erfordert viel, diese Entschlossenheit und dieses Stehvermögen aufzubringen, bei sich zu bleiben, bei dem, was wir als richtig und wichtig erkannt haben, und danach zu handeln. Aber es lohnt sich. Denn dann sind wir im besten Sinne selbstbestimmt und authentisch. Dann gewinnen wir an Unabhängigkeit und werden autark. Dann haben wir unseren eigenen Kompass gefunden, der uns den Weg weist und uns zeigt, was gut und sinnvoll ist. Dann machen wir uns frei von den Erwartungen und der Anerkennung von außen. Dann leben wir das, was in uns ist, was für uns wahr und stimmig ist, und folgen nicht länger einer Illusion.

Was wir gewinnen, wenn wir lernen, unsere Werte zu leben, ist nicht wenig: Echtheit, Authentizität, Unabhängigkeit und nicht zuletzt Respekt und Stolz vor unserem

Tun und unserer Haltung – »Selbst-Wert« und Bedeutung. Das alles hat nichts mit äußerlicher Wichtigkeit zu tun. Schon gar nicht ist es ein Appell, sich selbst allzu wichtig zu nehmen und zum Nabel der Welt zu machen. Aber der Schritt zur Erkenntnis des eigenen Werts ist wichtig, um uns in der Welt zu verorten und in ihr zu wirken. Was wir gewinnen, ist Sinn. Denn nur wenn wir nach dem handeln, was uns wichtig ist, macht unser Handeln auch Sinn und verschwindet nicht gleich wieder im Meer der Belanglosigkeit und Beliebigkeit. Dadurch gewinnen wir selbst an Bedeutung und an Wert. Unabhängig von äußerer Bestätigung, sondern aus uns selbst heraus. Aus dem Wissen um unsere Werte, aus dem Wissen um unseren Wert.

Dann finden wir das, was wir uns am Ende wünschen: Ruhe und Frieden. Nicht nur Zufriedenheit, die sich einstellt, wenn unsere Bedürfnisse Befriedigung erfahren haben, oder Freude und Zufriedenheit, dass wir viele unserer Ziele erreicht haben, nicht nur Glück, das sich aus schönen Momenten bemisst, nicht nur ein Wohlfühlen im Leben. Dann finden wir Ruhe, weil wir den Krieg gegen uns beendet haben, Frieden geschlossen haben mit uns in unserer Ganzheit, Frieden mit der Vergangenheit und unseren Fehlern, Frieden auch mit dem, was wir erreicht oder versäumt haben. Dann finden wir den inneren Frieden, der uns nur dann erschlossen wird, wenn wir uns nicht mehr verleugnen, sondern zu unseren Werten und unserer Wahrheit stehen und sie leben. Weil wir dann im Reinen sind mit uns. Weil wir dann zu unserem Leben stehen können, wie es war. Zu unserer Geschichte, zu unserer Bedeutung. Weil wir dann unserem Leben Sinn gegeben haben. Und es damit zu einem guten Leben gemacht haben, einem, das nicht beliebig war, sondern voller Wert und Bedeutung. Weil wir dann zu uns selbst gefunden haben.

Nehmen Sie sich Zeit und Ruhe, um über Ihre Werte nachzudenken, die Ihr Handeln bestimmen:

- Was ist für Sie wesentlich und wichtig, sodass Sie dafür einstehen können? Betrachten Sie dabei Ihre eigene Haltung und Ihr Handeln in den Bereichen Arbeit, Familie, Freunde, menschliches Miteinander, Partnerschaft, Gesellschaft und natürlich Ihre Einstellung sich selbst und dem Leben gegenüber.
- Welche Werte haben Sie aus Ihrer Ursprungsfamilie übernommen? Welche nicht? Welches sind Ihre ganz eigenen Wertvorstellungen?
- Was macht Ihren eigenen Wert aus?

Nun geht es um Ihre Prioritäten und Ziele, die sich daraus für Ihr Handeln ableiten lassen. Denken Sie daran, dass diese Ziele positiv und attraktiv sein sollten, möglichst konkret und von Ihnen umsetzbar, aber auch mit Ihrem Umfeld vereinbar:

- Worauf liegt Ihr Fokus im Handeln, wo liegen Ihre Prioritäten?
- Wie wäre es, wenn Sie konsequent nach Ihren Werten leben würden? Wie würde sich das für Sie anfühlen? Woran würden Sie – und auch andere – die Veränderung bemerken? Welche Prioritäten müssten Sie setzen?

Überlegen Sie, was Sie brauchen, um nach Ihren Werten zu leben, und wie Sie neue Prioritäten setzen können:

- Welche Fähigkeiten, Stärken, Werte haben Ihnen bisher geholfen, Herausforderungen zu bewältigen und Krisen zu meistern? Welche Werte haben Sie bei Ihren Erfolgen unterstützt? Wie sehen Ihre Erfolgsstrategien aus?
- Was haben Sie aus der Vergangenheit gelernt, das Ihnen in Ihrer jetzigen Situation nutzen kann?
- Was oder wer kann Sie dabei unterstützen, neue Prioritäten zu setzen, die mit Ihren Werten übereinstimmen?
- Wer sind Ihre Vorbilder in Sachen Werte?

Schließlich geht es um die Umsetzung im Alltag und im Miteinander:

- In welchem Bereich wollen Sie anfangen, Ihre Werte und neuen Prioritäten verstärkt zu leben? Wo fällt es Ihnen am leichtesten? Was hat die größte Wirkung?
- Wen betrifft eine Veränderung? Wie wollen Sie Ihr Gegenüber einbeziehen? Auf welche Hindernisse könnten Sie stoßen?
- Welche Handlungsschritte bringen Sie Ihren Zielen näher?

Was Sie noch tun können:

- Sprechen Sie auch mit Menschen Ihres Vertrauens über Ihre Werte. Worin sehen diejenigen, die Sie gut kennen, Ihre Werte?
- Was würden Freunde, Kollegen und Familienmitglieder in einem Nachruf über Sie sagen? Was war Ihnen wichtig? Wofür haben Sie gelebt?

- Stellen Sie für jeden Bereich Ihres Lebens eine Wertehierarchie auf und wägen Sie ab, was Ihnen im Zweifelsfall wichtiger ist. Überlegen Sie sich auch in Ruhe, welche Ihre wichtigsten Werte sind, die Ihre Person und Ihr Handeln ausmachen.
- Machen Sie sich bewusst, wo es Konflikte gibt zwischen Ihren Werten und Ihrem täglichen Handeln – beruflich und privat. Überlegen Sie dann, wie es wäre, wenn diese Konflikte gelöst wären und was Sie selbst dazu beitragen können.
- Überprüfen Sie genau, wo sich etwas für Sie verändert hat: Passen Ihre Werte, Ihre Prioritäten und Ihr Handeln noch zusammen? Wo müssen Sie nachjustieren?
- Wenn es Ihnen schwerfällt, Ihre Werte herauszuarbeiten oder sich größere Veränderungen andeuten, suchen Sie sich einen Coach oder Berater, der Sie dabei unterstützt.

Vom verlorenen Selbst zur inneren Mitte – unsere Identität und unsere Ideale

Nehmen wir all das zusammen, was wir an Werten, an unserer Haltung zu den Dingen, den Menschen und dem Leben gegenüber in uns erkannt haben, dann haben wir das gefunden, was uns ausmacht, was uns definiert, uns unverwechselbar macht. Jenen Teil von uns, der genau weiß, was gut für uns ist, der die Unterscheidung trifft zwischen Richtig und Falsch, der ein untrügliches Gespür dafür hat, was uns anspricht, uns berührt, von Bedeutung für uns ist. Unsere eigene und wahre Identität, unser Selbst.

Gemeint ist damit nicht unser äußeres Ich, auch nicht das Ich, das C. G. Jung »einen Komplex von Vorstellungen«, das »Zentrum meines Bewusstseins« nennt (C. G. Jung, Kleines Lexikon der analytischen Psychologie, S. 43). Gemeint ist nicht die Persönlichkeit, die im Laufe der Jahre gewachsen und gereift ist, Erfahrungen gesammelt und verarbeitet hat und einen Charakter gebildet hat. Gemeint ist ebenso wenig die Fülle von Rollen, die wir im Leben einnehmen: die der Angestellten, der Mutter, der Tochter, der Freundin, der Elternbeiratsvorsitzenden, der leidenschaftlichen Gärtnerin. Gemeint ist vielmehr unser unveränderbarer Wesenskern, der weit über uns als Individuum hinausgeht. Es ist ein unabdingbarer Teil unserer wahren Identität, unser Selbst, wie es die Psychologie nennt. Das mehr ist als unser bewusstes Ich, das auch unser Unbewusstes, unsere Psyche und unseren Geist umfasst. Ja, das auch über uns selbst hinausweist und eine Idee von uns enthält, ein Ideal. Das, was wir im besten Falle sein können und doch nie sein müssen. Und das doch bestimmt ist von dem Wunsch und Wollen, all das zu verwirklichen, was in uns ist, all das zu werden, was wir werden können – unser ideelles Selbst.

Es gilt also nach C. G. Jung zu unterscheiden zwischen Ich und Selbst:

(...) insofern das Ich nur das Subjekt meines
Bewusstseins, das Selbst aber das Subjekt meiner
gesamten, also auch der unbewussten Psyche ist.
In diesem Sinne wäre das Selbst eine (ideelle) Größe,
die das Ich in sich begreift.
(C. G. Jung, Kleines Lexikon der analytischen Psychologie, S. 43).

Das Selbst stellt sich also dar als eine übergeordnete Gesamtpersönlichkeit, die Bewusstes und Unbewusstes umfasst, die Gegensätze in sich vereint und uns als Einheit und Ganzheit ausmacht. Eine Einheit, die unser körperliches und soziales Ich ebenso umfasst wie unser geistiges und psychisches, unser bewusstes und unbewusstes, die uns in ihrer Gesamtheit unsere Identität verleiht. Viktor E. Frankl bezeichnet das Selbst als den »Inbegriff der Möglichkeiten des Ich« und die Möglichkeiten als »solche der Sinnerfüllung« (Viktor E. Frankl, Der Mensch vor der Frage nach dem Sinn, S. 211). Das Selbst also birgt die Möglichkeit, Sinn zu finden im Leben und ein erfülltes Leben zu führen. Es ist unsere innere Instanz, die uns Orientierung gibt und eng mit unseren Werten verknüpft ist.

Unser Selbst existiert in uns von Anfang an und steht in Wechselwirkung mit dem Ich. Und da es über uns als Individuum hinausreicht, definiert es jenseits von Werten und Zielen auch Ideale oder höhere, über uns hinausweisende Werte, die uns wichtig sind, nach denen wir streben, mit denen wir uns identifizieren. Dabei geht es nicht um konkrete Ziele wie die nächste Karrierestufe oder den Aufsichtsratsposten. Da geht es um Weisheit, Schönheit oder Wahrheit, um Gerechtigkeit oder Freiheit. Um Dinge also, die durchaus nicht nur für uns von Bedeutung sind, sondern auch für andere, für das Miteinander und die Gemeinschaft. Um Ideale, die wir vielleicht nie ganz erreichen und die dennoch einen Orientierungspunkt für uns bilden, weil sie an etwas Höherem ausgerichtet sind. Wertvorstellungen, die wichtig sind für unsere Identität, die uns ausmachen. Und die ebenso wichtig sind für das Zusammenleben mit anderen. Dabei geht es nicht um blinden Ehrgeiz oder naiven Idealismus, der nichts mit der Realität zu tun hat. Denn diese Ideale brauchen auch die Reibung an der Wirklichkeit. Ebenso wie unsere eigenen Werte brauchen auch unsere Ideale und unsere höheren Werte die Auseinandersetzung mit anderen Menschen, mit einer Gemeinschaft, mit einem Du, um ihre Wichtigkeit zu erhalten, ihre Gültigkeit unter Beweis zu stellen, um Bestand zu haben für unser Leben. Und sie brauchen einen vernünftigen, angemessenen und nicht überzogenen Anspruch. Die Kluft zwischen Realität und Ideal wird nie zu schließen sein, aber die Spannung, die daraus entsteht, ist ein wichtiger Motor für unser Leben, es ist, wie es Frankl ausdrückt, »die Spannung zwischen Existenz und Essenz, zwischen Sein und Sinn« (Viktor E. Frankl, Der Mensch vor der Frage nach dem Sinn, S. 225), zwischen dem, was wir sind, und dem, was wir sein können.

Dieses Selbst ist also wichtig für unsere Identität. Und doch geben wir ihm oftmals keinen Raum. Das Ich gewinnt die Oberhand: lernt, wächst, formt sich, passt sich an, macht und tut, was man so macht und tut. Es funktioniert. Schlimmer noch: In unserer postmodernen Gesellschaft werden wir immer abhängiger vom Urteil anderer.

Wir perfektionieren unseren Auftritt und warten auf Feedback und Applaus. Und beziehen unseren Wert nur noch durch andere und relativieren ihn. Verlieren unseren eigenen Maßstab, unsere eigene Ausrichtung. Und vergessen dabei manchmal, dass es da eben noch etwas in uns gibt, das tiefer liegt, vergessen gar, dass es unser Selbst gibt, das uns eigentlich ausmacht, uns zu einem besseren Ich macht oder machen kann. Das dazugehört, damit wir eine wahre Identität haben. Ich und Selbst gehören zusammen, bilden eine Einheit und eine Balance, wenn alles so ist, wie es sein soll.

Und wenn nicht? Dann passiert es, dass unser Motor irgendwann ins Stottern kommt, unsere Fahrt verlangsamt, uns vielleicht sogar irgendwann am Straßenrand halten lässt, weil uns die Energie fehlt, unseren Weg fortzusetzen. Dann nämlich, wenn wir unser Selbst so sehr vergessen oder verleugnet haben, dass das Ich zwar brav weiter seinen Weg beschreitet, aber immer kraftloser dabei wird, immer müder, immer freudloser. So wie es Holger S. ergeht in der Fallgeschichte, der irgendwann irgendwo auf der Strecke seines Lebens einen wichtigen Teil seiner Identität verloren hat. Weil wir zu sehr vernachlässigt haben, was in uns ist, zu wenig unserem Wesen gemäß gehandelt und gelebt haben, zu wenig Wert auf unsere Werte, auf das Wesentliche gelegt haben, keine Prioritäten gesetzt haben oder zu wenige oder die falschen. Seltsam fremd fühlen wir uns dann in unserem Leben, entwurzelt und nirgendwo mehr zugehörig. Dann wird uns klar, dass da etwas in uns ist, auf das wir unsere Aufmerksamkeit richten und wieder in Einklang bringen sollten mit unserem Ich, mit unserem Handeln und Tun, mit unseren Beziehungen und unserer Umwelt. Wir beginnen zu verstehen, dass Ich und Selbst ein Gleichgewicht darstellen sollten, damit es uns wirklich gut geht, damit wir wieder wissen, wer wir sind.

Was also tun? Wie diese Gespaltenheit beseitigen, wie diesen Einklang wieder herstellen? Das gelingt nur, wenn wir uns die Zeit dafür nehmen. Es gilt, dem Außen und dem Ich erst einmal etwas weniger Aufmerksamkeit zu schenken und uns nach innen zu wenden, um zu schauen, was da ist. Um unsere Bedürfnisse, Sehnsüchte, Gefühle, Werte zu erkennen und auszuloten, was von allem das Wesentliche ist. Welche Ziele wir haben und ob es die eigenen sind. Worüber wir uns definieren, was unser Selbstverständnis ist. An welche Ideale wir glauben. Und ob sie noch Gültigkeit für unser Leben haben. Ob unser Handeln und Tun, ob unsere Ziele noch einen Bezug zu uns, zu unseren Werten und Idealen haben. Ob wir in der Auseinandersetzung mit der Realität längst kapituliert haben, oder noch bereit sind, herauszufinden, wer wir sind. Und dafür einzustehen.

Das gelingt nur, wenn wir vieles von dem, was den Blick verstellt, loslassen. Wenn wir die Imperative unseres Lebens einmal außen vor lassen: Du musst dich beeilen! Da musst du jetzt durch! Du musst doch Geld verdienen, eine Familie gründen, Erfolg haben, eine Karriere! Hartmut Rosa nennt das die »Rhetorik des Müssens« (Hartmut Rosa, Beschleunigung, S. 109), die auf dem Paradoxon der Moderne gründet: Wir sind frei, haben mehr Wahlmöglichkeiten als alle Generationen vor uns und werden doch reguliert durch »eine Liste von sozialen Anforderungen« (Hartmut Rosa, Beschleunigung, S. 109), zwischen denen wir uns fast zerreiben.

Es gelingt nur herauszufiltern, was der Kern unserer Identität ist, wenn wir diese Liste für eine Weile ausblenden, das Hamsterrad anhalten und der Entschleunigung Raum geben. Uns Zeit nehmen für uns. Hinhören, was wir zu sagen haben. Fühlen, was uns wichtig ist. Spüren, was uns ausmacht. Und das, was wir entdeckt haben, dann wieder mit der Realität und mit den Umständen in Einklang bringen.

Schon am Tempel des Apoll in Delphi war der Spruch zu lesen: »Erkenne dich selbst!« Denn »Selbst-Erkenntnis« ist der Schlüssel, so abgedroschen das auch klingen mag. Dann geht es letztlich darum, zu erkennen, wer wir sind, und damit auch zu erkennen, wie die Wirklichkeit ist. Was uns ausmacht und wie wir das mit unserer Lebenswirklichkeit in Einklang bringen können. Dabei ist es nicht allein mit reiner Reflexion getan. Wir können viel über den Verstand erkennen, aber eben nicht alles. Wenn wir alle Winkel in unserem Inneren ausleuchten wollen, müssen wir uns auch auf unsere Gefühle verlassen, auf unseren Instinkt und auf unser Gewissen.

Aber erst, wenn wir diesen Schritt getan haben, unser eigenes Sein und unser eigenes Wollen erkannt haben, können wir wirklich bewusst handeln. Dann erlangen wir wahres »Selbst-Bewusstsein«. Dann folgen wir nicht mehr blind jeder Option, funktionieren nicht mehr, sondern können auswählen, was zu uns passt, und gezielt und bewusst unser Leben planen. Nicht an der Realität vorbei, aber auch nicht an uns selbst vorbei. Wer nicht weiß, wer er ist und was er will, wird immer wie durch einen Nebel waten und vergeblich nach dem guten Leben stochern. Der wird versuchen, alle Optionen wahrzunehmen, weil er nicht weiß, welche er auswählen soll, welche stimmig sind und wesentlich für ihn. Diese Auswahl werden wir nur treffen können, wenn wir wissen, wer wir sind. Die Spur aus dem Nebel finden wir nur, wenn wir bei uns selbst anfangen und danach suchen, was uns ausmacht. Dann finden wir auch Wegmarken und Orientierungspunkte, dann erst zeichnet sich eine Fährte ab und langsam auch ein Weg.

Kein leichtes Unterfangen, das steht fest. Da braucht es einerseits vielleicht den äußeren Anlass einer Krise, dass wir innehalten, die verstärkte Kollision mit unserer Umwelt oder den Leidensdruck, der irgendwann so hoch wird, dass wir auf die Bremse steigen und anhalten. Da braucht es manchmal eine lange Zeit der Unzufriedenheit und Unruhe. Da braucht es aber auch wieder einmal Mut, um dann genau hinzuschauen und hinzuhören, die Zeit und die Geduld, uns einzulassen auf das Abenteuer, uns selbst zu entdecken. Und wieder Mut, um sich all dessen bewusst zu werden, es anzunehmen. Und schließlich all das Erkannte auch umzusetzen, es zu leben. Das ist vielleicht der schwerste Schritt: ins Tun zu kommen, aktiv unser Selbst anzunehmen und unser Leben zu leben als der, der wir sind, in unserer wahren Identität, gemäß unserem Wesen.

Jetzt gilt es, eine Auswahl zu treffen und frei zu entscheiden. Das bedeutet nicht, all das wegzuwerfen, was wir im Laufe unseres Lebens hinzugelernt, hinzugewonnen haben an Fähigkeiten und Talenten, an Erfahrungen und Erkenntnissen. Eine Reduktion allein auf die angeborenen und natürlichen Fähigkeiten würde zu kurz greifen. Denn schließlich haben wir unseren Geist, unser Denken entwickelt, und das hilft uns beim Selektieren und Entscheiden. Und es heißt vor allem auch nicht, die Welt um uns herum auszublenden und blind unseren Neigungen zu folgen, wenn wir wissen, dass wir damit in der Realität keine Chance haben. Es heißt vielmehr, klug abzuwägen, das Erworbene und Gelernte mit den tief in uns verankerten Wünschen und Werten und Idealen zu verbinden und in Einklang zu bringen mit den äußeren Rahmenbedingungen. Es heißt nicht mehr und nicht weniger, als Ich und Selbst wieder ins Lot zu bringen.

Gerade in der Lebensmitte wird der Wunsch, tiefer in sich hineinzuhorchen, was es da noch so gibt an Wichtigkeiten und Werten, die gelebt und erfüllt sein wollen, an Möglichkeiten, die zu Wirklichkeiten werden wollen, groß. Vieles bisher war den äußeren Umständen geschuldet und einem Lebensplan untergeordnet, der sich aus unserer Herkunft und Erziehung entwickelt hat. In der Lebensmitte geht es nun um mehr: um einen ganz bewussten eigenen Lebensplan, um Lebensziele, die an unserem Selbst ausgerichtet sind, an unseren Werten und auch Idealen. Dabei werden wir uns der Frage stellen müssen, was wir bisher aus unserem Leben gemacht haben. Was gut daran war, was weniger. Was wir versäumt haben, was vernachlässigt. Was auf der Strecke geblieben ist. Da werden wir uns fragen müssen, was es wert ist, noch gelebt zu werden. Was uns wichtig ist. Wer wir sein können. Und wer wir sein wollen.

Jetzt geht es um Selbstbewusstsein, um Selbstwirksamkeit, um Selbstverantwortung, um einen Entwurf des eigenen Lebens aus uns selbst heraus. Wenn wir diese Erkenntnis gewonnen haben, müssen wir uns nicht mehr als Opfer der Verhältnisse sehen, sondern können als innere, reife Erwachsene unser Leben in die Hand nehmen und selbstbestimmt planen. Es geht darum, die Freiheit, die wir haben, zu nutzen und unsere Ziele selbst zu bestimmen. Mihaly Csikszentmihaly nennt diesen Erwachsenen das »autotelische Selbst«, »ein Selbst, das sich selbst die Ziele setzt« (Mihaly Csikszentmihaly, Flow, S. 274).

Das ist der entscheidende Punkt, an den wir kommen sollten, wenn wir unser eigenes Leben führen wollen: uns selbst unsere Ziele zu setzen, nicht nur im Hinblick auf die

Arbeit, sondern für unser gesamtes Leben und Erleben, nicht nur kurzfristig, sondern über den Tag hinaus. Dann wissen wir wieder, was wir wollen und haben eine Motivation, die aus uns selbst herauskommt. Dann sind wir auch in der Lage, den Wechselfällen des Lebens besser zu begegnen, dann sind wir gewappnet, wenn sich uns Hindernisse in den Weg stellen, wenn manches nicht nach Plan verläuft. Das unterscheidet Menschen, die trotz aller Unbill ihr Leben genießen, von jenen, die sich ständig überfordert fühlen. Wer es versteht, selbst aus Hindernissen und Herausforderungen Handlungsmöglichkeiten zu entwickeln, anstatt sie als Bedrohungen zu empfinden, wird auch in Umbruchzeiten bei sich bleiben, seine innere Harmonie bewahren und seinen Zielen folgen, auch wenn er sie korrigieren und nachjustieren muss. Auch das gehört dazu.

Wie sieht ein solcher Lebensplan also aus, dieser »Selbst-Entwurf«? Was gehört dazu? Was macht ihn aus? Die Voraussetzung dafür ist, dass wir erkannt haben, was wir wirklich wollen, wer wir wirklich sind. Dass wir uns darüber bewusst geworden sind, was wirklich wichtig ist, damit wir uns wohlfühlen in unserem Leben, was für uns Bedeutung hat, uns berührt, anspricht, interessiert und zu uns passt, dass wir wissen, woran wir Freude finden und auch das Glück des Augenblicks.

Was wir dadurch gewonnen haben, ist ein Stück Unabhängigkeit von äußeren Erwartungen, von äußeren Umständen. Wir haben uns im Rahmen der Möglichkeiten und der Umstände die Freiheit verschafft, selbst über unser Leben und über die Zeit bestimmen zu können, selbstwirksam zu werden und selbstverantwortlich. Jetzt liegt es an uns, uns selbst nicht nur naheliegende Ziele zu setzen, sondern weiterreichende Ziele in allen Lebensbereichen, die sich zu unserem Lebensplan zusammenfügen. Jetzt liegt es an uns, diese selbst gewählten Ziele auf unsere Werte und Ideale ab-zustimmen, die von unserem Selbst getragen werden.

Was ist also zu tun? Aus all den Möglichkeiten und Op-tionen, die sich uns bieten, bewusst zu wählen, zu prüfen, was zu uns und unseren Werten passt. Uns jetzt kleinere und größere Ziele zu stecken, die auf diese Werte und auf-einander ausgerichtet sind, solange bis es für uns stimmig ist und damit Sinn macht. Aus diesem Strang knüpfen wir letztlich eine Geschichte, die unser Leben erzählt: unsere Geschichte.

Und doch wäre es ein Fehler und obendrein naiv, die-sem Lebensplan stur zu folgen und sich auf seine einmal gesetzten Lebensziele starr zu fixieren. Die Umstände än-dern sich, wir ändern uns. Es gehört zur Freiheit des Ent-scheidens, Ziele und Pläne auch zu korrigieren und den Gegebenheiten anzupassen. Sonst verschleudern wir un-nötig unsere Energie und unsere Ressourcen. Das bedeu-tet im Extremfall auch, Ziele und Pläne noch einmal zu re-vidieren. Der Prozess des Reflektierens, des Erspürens und Erfühlens ist niemals abgeschlossen, das Nachjustie-ren gehört dazu. Und doch ist das Verfolgen weitreichen-der Ziele eine lohnende Aufgabe, bei der oftmals schon der Weg das Ziel ist. Entscheidend ist, die einmal herge-stellte innere Harmonie zwischen Ich und Selbst, die Aus-geglichenheit und Balance zwischen ihnen zu bewahren, bei sich zu bleiben und sich immer wieder Ziele zu setzen, die im Gesamten stimmig sind, die im Zusammenhang mit uns stehen. Darin besteht die Kunst.

Und es ist eine Kunst, denn in unserer beschleunigten Welt ist diese Balance mehr denn je in Gefahr zu kippen. War eine soziale Position und die damit verbundene Iden-tität in der Vergangenheit qua Geburt und Beruf geregelt, bricht der soziale Wandel in einer beschleunigten Gesellschaft diese Stabilität auf, wie bei Hartmut Rosa nachzulesen ist. Wir sind nicht mehr auf Lebenszeit und quasi per se Bankangestellter, verheiratet und in Frankfurt wohnhaft. Familien, Berufe, Wohnorte, ja auch politische und religiöse Einstellungen können sich jederzeit ändern und unterliegen damit einem Wandel und einer Dynamisierung, die es schwer macht, an seiner Identität festzuhalten. Flexibilität ist gefragt, Veränderungsbereitschaft, eine Mobilität auch des Geistes und der Psyche.

Das macht so manchen Lebensplan anfällig oder sogar hinfällig. Den sozialen Lebensplan. Den, den wir konstruiert haben aufgrund unserer Erziehung und Sozialisation, den wir entworfen haben aufgrund der Zuschreibungen und Glaubenssätze, die wir verinnerlicht haben. Den Lebensplan, den unser Ich verfolgt hat. So wie Holger ihm gefolgt ist. Er hatte seine Berechtigung und war für lange Zeit eine Richtschnur. Doch wenn wir anfangen, uns wie Holger immer fremder zu fühlen im eigenen Leben, nicht mehr wissen, wer wir eigentlich sind und was wir wirklich wollen, ist es Zeit, diesen Lebensplan zu hinterfragen. Zu erkunden, wo etwas aus dem Gleichgewicht geraten ist. Haben wir uns zu sehr den Gegebenheiten angepasst und zu sehr unsere Pflichterfüllung ins Zentrum des Handelns gestellt? Und darüber hinaus vergessen, dass unser Tun auch Freude machen soll? Oder sind wir zu sehr um uns selbst gekreist, ohne die anderen im Blick zu haben? Haben wir unsere Vision verloren, weil sie uns zu fern erschien? Haben wir zu sehr die Begrenzungen der Realität in den Vordergrund gestellt und uns ihnen gebeugt?

Wäre es also besser, sich völlig treiben zu lassen und keinen Plan zu entwickeln, sich von Welle zu Welle tragen zu lassen und zu schauen, was mit uns passiert? Das kann nicht die Lösung sein, denn gerade in unserer beschleunigten Welt, die den sozialen Wandel vorantreibt, ist ein Lebensplan vielleicht wichtiger denn je, auch wenn die Zukunft kaum noch planbar zu sein scheint. Denn wir brauchen Orientierung und Leitplanken, innerhalb derer wir unseren Weg gehen können, sonst bricht uns der Boden unter den Füßen nur allzu leicht weg. Eine stabile Identität, ein langfristiges Verfolgen von Zielen und Plänen ist also mehr denn je in Gefahr. Ein allzu williges Anpassen an neue Umstände und Situationen und damit letztlich ein Auflösen der eigenen Identität kann nicht die Lösung sein. Ein allzu starres Festhalten an gesetzten Zielen und Plänen muss ebenso scheitern. Das ist das Dilemma, in dem wir stecken. Mehr oder weniger. Ein Dilemma, das besonders in der Lebensmitte erkennbar wird, wenn viel erreicht, das Ende in Sicht, aber noch vieles zu hoffen und zu wünschen übrig ist.

An diesem Punkt kommt der Kern unserer Identität ins Spiel, unser Selbst. Jenes Selbst, das einen unveränderbaren, konstanten Bezugspunkt darstellt und damit Orientierung schafft und Handlungsmöglichkeiten eröffnet. Manche Merkmale unserer Identität können sich ändern, können sich den Umständen anpassen, um nicht entfremdet zu sein in der Welt, um überleben zu können. Auch unser Selbst braucht die Brechung an der Realität. Diese Flexibilität ist nötig. Jedoch werden sich nie alle Merkmale unserer Identität ändern, es wird einen Kern geben, der bleibt und Bestand hat und damit für Kontinuität sorgt und dafür, dass wir bei uns bleiben und nicht verloren gehen im Dschungel unserer beschleunigten Welt. Diesen Kern gilt es zu erkennen und zu würdigen, zu bewahren und zu schützen. Denn er ist unser Kompass, unsere Mitte, die sich einstellt, wenn Ich und Selbst im Lot sind und in Wechselwirkung miteinander stehen. Unsere Identität verbindet Vergangenheit, Gegenwart und Zukunft miteinander: Wer wir sind, hat damit zu tun, wie wir es geworden sind, und hat Einfluss darauf, was wir sein werden und sein wollen und können. Gerade der Umgang mit veränderten Situationen, mit den Hürden und Hindernissen des Lebens, mit dem Wandel, der uns umgibt, zeigt, wer wir sind, wenn wir unser Selbst erkannt und im Einklang mit unserem Ich gebracht haben.

Dann ist es sogar in unserer beschleunigten Welt noch möglich, unsere Bestimmung und unsere Berufung zu finden. Denn dann folgen wir konsequent dem, was uns ausmacht. Dann fällt sie auch ab, die Last der Tage. Dann spüren wir wieder Lust und Freude bei allem, was wir tun, dann sind wir im Flow, in Harmonie, in unserer Mitte. Dann wird manches mühelos und leicht, weil wir gegen keine inneren Widerstände mehr angehen, weil wir uns nicht mehr selbst bekämpfen und bekriegen, weil wir uns nicht mehr selbst verleugnen oder im Weg stehen. Weil wir eins mit uns geworden sind, eine neue Balance gefunden haben zwischen Ich und Selbst. Weil wir wissen, wer wir sind, und wissen, was wir wollen. Weil wir jedem Wandel gelassen begegnen können, weil wir gewappnet sind und gestärkt. Weil wir Orientierung in uns selbst finden und uns handlungsfähig machen. Weil wir selbst bestimmen und nicht bestimmt werden.

Die Aufgabe ist also, unser Selbst wieder zu stärken, uns ein Stück weit unabhängig zu machen von den äußeren Gegebenheiten, uns nicht nur unserer Werte, sondern auch unserer Ideale bewusst zu werden. Das herauszufiltern, was uns zutiefst ausmacht und Bestand hat. Unsere Ziele selbst zu stecken und darauf abzustimmen. Sie zu einem Lebensplan, zu unserer Geschichte und unserer Bestimmung zusammenzufügen. Unser Ich und unser Selbst wieder in Einklang zu bringen und damit zu einer Balance zu kommen, die uns mit einer Gelassenheit gegenüber den Wechselfällen des Lebens ausstattet und mit dem Wissen, dass wir aus Herausforderungen Handlungsmöglichkeiten entwickeln können. Jene resiliente Haltung, die so unabdingbar ist für unser Leben. Damit aber auch eine Haltung, die nicht nur die positiven Seiten des Lebens akzeptiert, sondern auch die negativen. Die nötig ist, um über den Moment hinaus dauerhafte Freude und dauerhaftes Glück zu empfinden und inneren Frieden zu finden und damit den Weg ebnet für ein gutes Leben.

Identität und Potenzial entdecken – Leitfragen und Handlungsimpulse für unser Wollen und Sein

Lassen Sie sich bei den nächsten Fragen Zeit und denken Sie in aller Ruhe darüber nach:

- Wofür stehen Sie? Wofür gehen Sie? Was macht Sie aus?
- Wer sind Sie? Womit identifizieren Sie sich? Mit welcher Aufgabe, Rolle, Gemeinschaft? Wo fühlen Sie sich zugehörig?
- Worum geht es in Ihrem Leben? Was ist das Wesentliche, das Wichtigste?
- Welche Ideale und Werte haben Sie, die über Sie selbst hinausreichen?
- Gibt es einen roten Faden in Ihrem Leben? Eine wiederkehrende Konstante?
- Was wollen Sie wirklich?

Nun gilt es, daraus Ziele für Ihr Leben abzuleiten und zu entwickeln, die Sie selbst bestimmen und umsetzen können, die konkret, positiv formuliert und erstrebenswert für Sie sind, die einen engen Bezug zu Ihrer Identität und Ihren Werten darstellen und die mit der Realität und Ihrem Umfeld in Einklang zu bringen sind:

■ Wer können Sie sein? Wer wollen Sie sein? Wer sind Sie, wenn Sie Ihr volles Potenzial ausschöpfen?

■ Wie sehen Ihre Lebensziele, abgestimmt auf Ihre Werte und Ideale, aus?

■ Wo handeln Sie selbstbestimmt? Wo fremdbestimmt? Woran würden Sie merken, dass Sie Ihrer eigenen Bestimmung folgen? Was müsste passieren? Was könnten Sie dafür tun? Was könnte Ihnen helfen?

■ Wie sieht Ihr Lebensplan aus? Betrachten Sie dabei wieder alle Bereiche Ihres Lebens: Arbeit, Familie, Partnerschaft, Freunde, Freizeit, persönliche und seelische Entwicklung. Welche Ziele gelten für das nächste Jahr, für fünf, für zehn Jahre?

Denken Sie nach, was Sie dabei unterstützt, diese Ziele zu verwirklichen:

■ Was brauchen Sie, um in eine innere Balance zu kommen und Ihrer Identität gerecht zu werden? Welche Ressourcen bringen Sie mit?

■ Stellen Sie sich vor, Sie leben das Leben, das Sie leben wollen und in dem Sie ganz der sind, der Sie sein wollen und können: Was haben Sie dafür getan? Was oder wer hat Ihnen dabei geholfen? Welche Ihrer Eigenschaften waren dafür wichtig?

Überlegen Sie, wie Sie vorgehen werden, um Ihre Ziele konkret werden zu lassen:

- Womit wollen Sie beginnen? Was könnte ein erster Schritt sein?
- Legen Sie Etappenziele fest und visualisieren Sie sie. Gehen Sie dabei von Ihrem Ziel aus, das Sie am Ende erreichen wollen, und teilen Sie den Weg dahin in verschiedene Teilziele auf. Hilfreich ist es dabei, diesen Weg aufzuzeichnen oder auf dem Boden eine Zeitlinie mit Karteikarten für die einzelnen Etappen auszubreiten.

Was Sie noch tun können:

- Einige der Fragen eignen sich sehr gut, um sie von vertrauten Menschen beantworten zu lassen und darüber zu sprechen. Wo gibt es Übereinstimmungen, wo Abweichungen zu Ihrer eigenen Einschätzung?
- Schreiben Sie Ihre Lebensgeschichte auf. Es muss kein Roman und keine Autobiografie werden, Stichpunkte reichen durchaus aus. Was taucht immer wieder auf? Gibt es einen roten Faden in Ihrem Leben?
- Wie könnte Ihre Geschichte weitergehen? Schreiben Sie es auf oder machen Sie eine Collage, in der Sie Ihr Leben in den nächsten drei bis fünf Jahren darstellen. Was sollte dazugehören, damit es für Sie stimmig wäre? Damit Sie sagen können: Das ist mein Leben, das bin ich.
- Gerade die Frage nach einer persönlichen Standortbestimmung, der eigenen Identität und möglichen Lebenszielen braucht Zeit – nehmen Sie sich diese Zeit auch und haben Sie Geduld mit sich.

Vom verlorenen Sinn zum guten Leben – unsere Vision und Aufgabe

Früher oder später kommt fast jeder – zumeist in der Lebensmitte – an den Punkt, an dem er nach dem Sinn fragt. Wenn zudem, wie so oft in dieser Lebensphase, eine Veränderung im Leben ansteht, weil vieles Alte brüchig geworden ist, dann ganz gewiss. Aber eben nicht nur dann. Die Sinnfrage kann sich auch wie von alleine anschleichen wie in dem Fallbeispiel von Uli A., der, nach außen hin betrachtet, ein gutes Leben führt, dem es an nichts mangelt.

Und doch: Es beginnt mit einer leisen Unzufriedenheit und Unruhe, die sich gar nicht so genau begründen lässt, deren Ursachen nur schwer auszumachen sind. Denn eigentlich läuft doch alles ganz gut. Wir haben unseren Job, unsere Familie, wir haben Freunde, Hobbys und Kollegen, wir haben einen gewissen Lebensstandard erreicht, und wenn wir Glück haben, so wie Uli A., plagen uns keine größeren Sorgen, denn wir leben in Freiheit und Sicherheit, sind gesund und leistungsfähig. Es fehlt uns an nichts. Eigentlich. Und doch nagt etwas in uns, versetzt uns immer öfter in Nachdenklichkeit und hinterlässt ein schales Gefühl der Leere. Etwas scheint eben doch zu fehlen in unserem Leben. Auch wenn es von größeren Umbrüchen verschont geblieben ist, auch wenn wir die Wechselfälle des Lebens immer gut gemeistert und Hindernisse überwunden haben, auch wenn wir uns keinem Wendepunkt wie einer Kündigung, einer Trennung oder gar einer Krankheit gegenübersehen. Auch dann kann uns dieses Gefühl überfallen, auch dann können wir spüren, dass wir etwas verloren haben, dass es da etwas gibt, nach dem wir uns sehnen. Etwas Höheres, etwas, das über uns hinausweist. Und dann stellen wir sie, die Frage nach dem Sinn, nach der Aufgabe, die wir zu erfüllen haben im Leben.

Sie kann viele Facetten annehmen, wie die Fallgeschichten und die Betrachtung der einzelnen Ebenen des eigenen Lebens gezeigt haben. Die Frage nach dem Sinn kann sich an unserer Umgebung entzünden, unserem direkten Umfeld, den Dingen, die wir anhäufen, um uns über die Tage zu retten, ohne dass wir einen wirklichen Bezug zu ihnen herstellen. Sie kann unsere Beziehungen betreffen und unser Verhalten den Menschen gegenüber, denen wir vielleicht fremd geworden sind. Bei näherer Betrachtung kann es sich auch darum drehen, dass wir uns selbst fremd geworden sind, weil wir nicht mehr auf unsere Gefühle und Bedürfnisse geachtet haben. Es kann unsere Talente tangieren, die wir vernachlässigt haben und unser Tun, das sich mit Dingen beschäftigt, die wir eigentlich gar nicht tun wollen. Es kann unser Wertesystem betreffen, das mit dem um uns herum kollidiert, weil wir uns nicht bewusst gemacht haben, was uns wirklich wichtig ist. Und es kann letztlich bis zu unserer Identität gehen, unser Selbst betreffen, das wir gegenüber unserem Ich zurückgedrängt haben. Ich und Selbst gilt es, wieder ins Gleichgewicht zu bringen, um in unserer Mitte anzukommen. Überall schwingt sie mit, die Frage nach dem Sinn, der uns abhandengekommen oder nicht mehr greifbar ist. Das schafft Verunsicherung, das entzieht uns den Boden, wir fühlen uns wie im freien Fall. Wir befinden uns, wie der Wiener Psychologe Viktor E. Frankl, der die Sinnfrage ins Zentrum seiner Arbeit gestellt hat, es ausdrückt, in einem »existentiellen Vakuum« (Viktor E. Frankl, Der Mensch vor der Frage nach dem Sinn, S. 16).

Doch woher kommt es, das Sinnlosigkeitsgefühl, das

Gefühl existenzieller Frustrierung, dem Viktor E. Frankl sein Lebenswerk gewidmet hat und das in unserer postmodernen Gesellschaft zu einem Massenphänomen geworden ist? Das oft an ein Gefühl der Entfremdung und Vereinzelung gekoppelt ist, an ein Empfinden der Leere inmitten der Fülle?

Im Gegensatz zum Tier sagt dem Menschen kein Instinkt, was er muß, und im Gegensatz zum Menschen in früheren Zeiten sagt ihm keine Tradition mehr, was er soll – und nun scheint er nicht mehr zu wissen, was er eigentlich will. So kommt es denn, daß er entweder nur will, was die anderen tun – und da haben wir den Konformismus –, oder aber er tut nur, was die anderen wollen, von ihm wollen – und da haben wir den Totalitarismus.
(Viktor E. Frankl, Der Mensch vor der Frage nach dem Sinn, S. 16).

Wir leben in einer Überflussgesellschaft, haben genug von allem, wovon wir leben können, und wissen doch nicht mehr, wofür wir leben sollen. Dann ist es Zeit für eine Kurskorrektur, dann ist es Zeit, den Akzent zu verschieben »von den Lebens-Mitteln zu einem Lebens-Zweck, zu einem Lebens-Sinn« (Viktor E. Frankl, Der Mensch auf der Frage nach dem Sinn, S. 18).

Die Frage nach dem Sinn kann sich auf einer Ebene abspielen oder auf mehreren. Meist aber führt die Betrachtung eines Bereiches dann auch zum nächsten und wiederum zum nächsten. Bis wir auf jeder Ebene für Klarheit gesorgt haben, uns auf das Wesentliche konzentriert haben, unterschieden und entschieden haben, was wichtig ist und was nicht, losgelassen haben, was nicht zu uns passt,

was wir brauchen für unser Leben, damit wir uns wohlfühlen darin, damit es schön ist und auch gut. Damit wir
die Chance haben, glücklich zu sein.

Es stellt sich also mehr als eine Frage: Was ist der Sinn
in meinem Leben? Was überhaupt bedeutet Sinn? Wie
kann ich ihn erreichen? Was gehört zu einem guten Leben? Und was hat das alles mit Glück zu tun? Ein wei-
tes Feld, das sich Philosophen, Psychologen, Glücks-
forscher und Theologen teilen. Kein Wunder, geht es doch
um Fragen, die so alt sind wie die Menschheit und dennoch nach wie vor aktuell. Ja, vielleicht aktueller denn je.
Die uns alle bewegen, früher oder später, die existenziell
sind, denn jeder will ein sinnerfülltes Leben führen, ein
gelingendes und gutes und letztlich auch ein glückliches.
Selbst wer sich nicht die Frage nach dem Sinn *des* Lebens
stellt und damit in das Gebiet der Religion vordringt,
kann doch der Frage nach dem Sinn *im* Leben nicht entgehen, denn er ist unabdingbar für unser menschliches Dasein. Die Frage nach dem Sinn im Leben also stellt sich,
sobald unsere menschlichen Grundbedürfnisse gedeckt
sind. Wenn wir keinen Mangel leiden und nicht ums
blanke Überleben kämpfen müssen. Wenn wir Nahrung
haben, Kleidung, einen Ort zum Wohnen, wenn wir in Sicherheit und Freiheit leben – wie die meisten Menschen
westlicher Gesellschaften. Wer das nicht hat, wem es am
Nötigsten fehlt, der hat ganz andere Sorgen. Dem geht
es erst einmal darum, seine Existenz und sein Überleben
zu sichern. Erst wenn eine gewisse materielle Sicherheit
gewährleistet ist, stellen sich auch andere Fragen wie die
nach dem Sinn und einem guten Leben. Und auch nur
dann, wenn wir bereit sind, uns diesen Fragen zu widmen und sie bewusst zu reflektieren. Das kann in jedem
Alter geschehen und in jeder Situation, und doch ist es

häufig auch eine Frage der Umstände oder eine Frage des Alters.

Gerade aber in Krisenzeiten, wenn es Umbrüche in unserem Leben gibt, drängt sich die Sinnfrage auf. Und gehäuft eben auch in der Lebensmitte, wenn nicht mehr das Vorankommen und Ankommen in unserem äußeren Lebensplan im Mittelpunkt unserer Aufmerksamkeit stehen, sondern mit einer gewissen Saturiertheit sich auch die Frage stellt, wie sie denn sinnvoll zu verbringen sei, die Zeit, die uns noch bleibt. So wie es Uli in der Fallgeschichte geht.

Was also bedeutet Sinn? Und wie ist er herzustellen in einem Leben, dem doch im Grunde nichts fehlt? Mit Sinn ist hier freilich nicht in erster Linie gemeint, dass es um unsere Sinnesorgane geht. Auch nicht um den Wortsinn, die Bedeutung ebenso wenig wie die Absicht, die ein Handeln prägt, wenn jemand Gutes im Sinn hat. Mit Sinn ist hier vor allem gemeint, dass es einen Zusammenhang gibt, in dem Worte oder auch Dinge und Handlungen miteinander verknüpft sind, dass sie nicht unverbunden nebeneinanderstehen, sondern in einer Beziehung untereinander.

Und doch haben auch die erstgenannten Bedeutungen letztlich mit unserem Verständnis von Sinn in gewisser Weise zu tun. Dann beispielsweise, wenn wir unsere Antennen ausfahren und mit unseren Sinnen die Welt um uns herum erspüren, wenn wir mit ihnen Freude erfahren, weil wir das Schöne erleben. Weil Sinn dann durch Sinnlichkeit entsteht und uns in einen Zusammenhang stellt mit der Welt um uns herum.

Viktor E. Frankl, Begründer der Existenzanalyse und Logotherapie, beschreibt in seiner Lehre drei Hauptstraßen zum Sinn. Der erste Weg besteht darin, zu erleben, was gut und schön ist und wir als Bereicherung für unser

Leben erfahren. Das können vielfältige Erlebnisse in der Natur, in der Kunst, im Sport, in der Wissenschaft oder in der Technik sein. Das kann vor allem aber auch die Begegnung mit Menschen sein, insbesondere die Liebe zu einem anderen Menschen. Für dieses Erleben brauchen wir unsere Sinne, um aufzunehmen, was uns bewegt und uns berührt. All diese Erlebniswerte, wie Frankl sie nennt, schenken uns Sinn, stellen einen Zusammenhang her zwischen uns und der Welt und den Menschen.

Auch die Bedeutung spielt eine große Rolle im Zusammenhang mit dem Sinn. Denn erst, wenn wir eine Sache als schön oder wichtig für uns erkannt haben, wenn uns etwas so sehr interessiert, dass wir uns mit Aufmerksamkeit und Hingabe ihr widmen können, verleihen wir ihr Bedeutung und damit Sinn. Dann steht diese Sache in einem Zusammenhang mit unserem Leben und mit uns. Dann treten wir in Beziehung zu ihr. Dann handeln wir entsprechend. Dann haben wir letztlich etwas im Sinn mit dieser Sache. Und dann haben wir vor allem Gutes mit ihr im Sinn.

Der zweite Hauptweg zum Sinn nach Frankl betrifft die Veränderung zum Besseren oder gar zum Guten an sich, wo immer dies möglich ist. Damit sind wir im Bereich des Handelns, des schöpferischen Tätigseins. Mit unseren Fähigkeiten und Talenten, mit unserer Kreativität und unserer Schaffenskraft, verknüpft mit guten Werten, können wir der Welt etwas zurückgeben, können sie bereichern, verschönern, verbessern. Nicht nur durch große Werke oder spektakuläre Leistungen, sondern durch selbst die kleinste Handlung. Die einzige Bedingung dafür ist, dass wir sie mit Hingabe erfüllen, mit Ernsthaftigkeit, weil sie uns wichtig ist und unseren Werten entspricht, weil wir Gutes mit ihr im Sinn haben. Dann tragen wir dazu bei, dass unsere Welt ein wenig schöner wird und besser, ein freundlicherer Ort. Das können wir, indem wir mit voller Begeisterung unsere Kinder erziehen oder mit Hingabe alte Menschen pflegen. Indem wir mit Leidenschaft Häuser bauen oder uns als Gärtner um die Pflege von Blumenbeeten kümmern. Indem wir ein Lied komponieren oder ein Bild malen. Das kann alles sein, was wir mit vollem Herzen tun und ganzer Hingabe.

Und wieder ist eines ganz entscheidend: Sowohl im Handeln als auch bei unseren Werten ist es wichtig, das rechte Maß zu finden, Erwartungen nicht zu hoch anzusetzen. Setzen wir uns selbst zu hohe Maßstäbe und orientieren wir uns an zu hehren Idealen, dann ist das Scheitern vorprogrammiert. Es geht nicht um Maximierung, es geht um Stimmigkeit für jeden Einzelnen. Und das bedeutet immer, die eigene Person und die Realität miteinzubeziehen.

So weit, so gut. Doch was, wenn sich das Leben statt in all seiner Schönheit in seiner Schrecklichkeit zeigt? Was, wenn wir vor einer Situation stehen, die nicht zu verändern und zu verbessern ist, weil manches eben nicht abänderbar ist? Weil wir einer Krankheit ausgesetzt sind, die nicht heilbar ist? Weil uns durch den Tod eines Menschen der Boden unter den Füßen weggebrochen ist? Dann bleibt nach Frankl noch der dritte Hauptweg zum Sinn: Dann gilt es, das Unabänderliche anzunehmen und zu ertragen. Dann sind wir wieder bei unserer Haltung und Einstellung angelangt, die wir dann als Letztes noch ändern und damit handlungsfähig bleiben können. Denn es ist ein großer Unterschied, ob wir uns resigniert und passiv den Umständen ausliefern oder ob wir versuchen, das Beste aus der Situation zu machen und im Rahmen des Möglichen auch dem Unabänderlichen etwas abzugewinnen. Es fällt nicht leicht zu akzeptieren, dass wir bei aller Freiheit, die wir haben, dennoch manches nicht steuern können, auf manches keinen Einfluss haben. Dass wir nicht über alles die Kontrolle haben. Und doch bleibt uns die Freiheit, wie wir uns zu diesen Situationen stellen, welche Haltung wir einnehmen und mit welchen Mitteln wir versuchen, uns von den Unbilden des Lebens nicht brechen zu lassen, sondern handlungsfähig zu bleiben, wo immer dies möglich ist. Denn selten sind wir völlig hilflos einer Situation ausgeliefert. Zwar ist eine äußere Freiheit vielleicht eingeschränkt, was bleibt, ist aber dennoch die innere Freiheit, die wir uns bewahren können. Eine Freiheit, die uns erlaubt, eine Haltung dem Schicksal gegenüber einzunehmen, die selbst ausweglosen Situationen einen Wert abgewinnt, sie damit wertvoll macht und uns in unserem Sosein, in unserer Identität und letztlich in unserer Würde bestärkt. Da sind wir wieder bei der Resilienz, die so wichtig ist für ein gelingendes Leben, die es uns ermöglicht, Herausforderungen anzunehmen und selbst aussichtslosesten Situationen mit einem Blick zu begegnen, der den Sinn dahinter erkennt, die Bedeutung und die Möglichkeiten, die sich daraus für uns ergeben, ohne uns aufzugeben, ohne uns zu verlieren. Dadurch erlangen wir Würde, indem wir bei uns bleiben, unsere Werte leben, unabhängig von den äußeren Umständen, so schlimm sie auch sein mögen. Die Herausforderungen und die Aufgaben annehmen, die das Leben uns stellt.

Sinn ist also etwas, das ganz unmittelbar und zentral mit uns zu tun hat. Keiner kann uns Sinn geben: weder unsere Eltern noch die Familie, Freunde oder die Gesellschaft. Sinn ist auch nicht etwas, das wir einfach so finden. Vielmehr geht es darum, dass wir selbst Sinn entwickeln und geben. Dadurch, dass wir um unsere Wichtigkeiten wissen, unsere Werte und unseren Wert kennen und danach auswählen, was gut und sinnvoll für uns und unser Leben ist. Dadurch, dass wir wissen, wo unsere Prioritäten liegen und aus dem Meer der Möglichkeiten die für uns passenden auswählen und uns damit dem Unverbindlichen und dem Beliebigen entziehen. Dadurch verleihen wir dem, was wir tun und wie wir handeln, Bedeutung. Und gewinnen damit selbst an Bedeutung, weil wir eben nicht mehr beliebig handeln, sondern bewusst und gezielt. Es geht also nicht darum, immer mehr zu wünschen, zu fordern und zu erwarten, mehr haben zu wollen von all den Möglichkeiten, sondern unter den gegebenen Umständen die für uns beste Wahl zu treffen, die zu uns und unserer Haltung passt. Dadurch erlangen wir wieder die Kontrolle über unser Leben, können etwas bewirken mit dem, was wir tun, weil es einen Zusammenhang gibt zwischen uns und der Welt. Dadurch erfahren wir Sinn. Alfried Längle, ein Schüler Viktor E. Frankls, definiert daher Sinn als »eine gute Möglichkeit, die sich vor dem Hintergrund der Wirklichkeit auftut. Existentieller Sinn stellt einen realistischen, den Umständen entsprechenden Weg dar« (Alfried Längle, Sinnvoll leben, S. 46).

Letztlich ist dieser Weg das Ziel. Sinn ergibt sich, wenn wir aus jeder Situation das Beste machen, weil wir darin einen Wert für uns erkannt haben, mit echter Hingabe handeln und dieses Handeln mit dem nächsten verknüpfen, immer abgestimmt auf unsere Werte und unser Wesen. Immer auch abgestimmt auf unsere Person, auf unsere Fähigkeiten und Begabungen. Denn was für den einen gut ist, ist es für den anderen noch lange nicht. Und nicht zuletzt abgestimmt auf die Realität, auf das, was möglich ist unter den Umständen.

Sinn entsteht also ganz wesentlich aus einer Situation heraus, in der wir uns für das Bestmögliche entscheiden. Und indem wir unserem Tun Bedeutung beimessen und aktiv unser Leben gestalten. Daraus ergibt sich unsere Aufgabe: ein Lebensplan, den wir selbst gewählt haben. Der zurückgreift auf unsere Werte und Ideale, daraus Ziele und Handlungsmöglichkeiten entwickelt, die zu einem größeren und weitreichenderen Ziel, zu einer Vision führen. Wenn unser Denken, Handeln und Auftreten im Einklang ist mit diesem Entwurf von uns selbst und sich zusammenfügt zu einer Geschichte. Der Geschichte unseres Lebens. Dann wird unser Leben erzählbar und verständlich, für uns und für die anderen. Dann erkennen wir Zusammenhänge, dann sehen wir den roten Faden, der sich durch unser Leben zieht und einzelne Ereignisse und Erkenntnisse und Handlungen miteinander verknüpft zu einem stimmigen Ganzen, das auch Brüche miteinbezieht. Dann macht das eigene Leben und Erleben für uns Sinn.

Diese Geschichte können nur wir selbst erzählen. Diesen Zusammenhang und damit den Sinn können wir nur selbst herstellen. Das ist eine der großen Herausforderungen unseres Lebens, gerade in unserer beschleunigten Welt, in der diese Verantwortung vollständig auf uns Individuen verlagert wurde. Wir haben die Wahl und haben die Freiheit. Aber wir haben auch die Verantwortung. Beides gehört zusammen. Denn eine sinnstiftende Ordnung durch Religion, Stände, Familie und Traditionen gibt es nicht mehr in ausreichendem Maße oder nicht für jeden. Letztlich ist jeder selbst gefragt, sein Leben zu einem sinnvollen Ganzen zusammenzufügen – das ist die Aufgabe. »Sinn kann nicht gefunden werden«, so Ariadne von Schirach:

Sinn muss erzeugt werden durch Werte und
Geschichten und Bedeutung. Bedeutung kann nicht
gefunden werden, sie muss gegeben werden durch die
Wahl des Blicks, durch das Weglassen und das Wichtig-
Nehmen.

(Ariadne von Schirach, Du sollst nicht funktionieren, S. 176)

Die Fülle der Möglichkeiten, die sich uns eröffnen, und die verschiedenen Optionen, die sich uns bieten, unser Leben zu führen, erschweren das. Unser Perfektionismus und unser Anspruchsdenken leisten ebenfalls ihren Beitrag. Wonach sollen wir uns richten? Woran orientieren? Wir können es uns natürlich einfach machen und mit dem Strom schwimmen, uns willenlos anpassen, machen, was »man« so macht. Wir können auch den Umständen die Schuld geben, unserer Erziehung, der Gesellschaft, und einräumen, dass wir ja gar nicht anders handeln können. Es ist oft verlockend, sich Ausreden aller Art zu suchen und damit ein Stück Verantwortung abzugeben, sich zu entlasten. Doch wovon? Was gewinnen wir dadurch? Doch nur, dass wir nicht unser eigenes Leben leben, sondern ein anderes, ein fremdes. Das hat nichts mit Sinnhaftigkeit zu tun. Wir werden also nicht um die Verantwortung herumkommen, selbst unser Leben in die Hand zu nehmen und unsere Freiheit zu nutzen. Nicht nur um der Freiheit als solcher willen, nicht nur, um frei zu sein *von etwas*, sondern vor allem *für etwas*. Für unser selbst gewähltes, selbstbestimmtes, selbstverantwortetes Leben.

Es gibt sie nicht, die absolut richtige Richtung, die absolut richtige Entscheidung. Es gibt nur eine Entscheidung, die wohl überlegt und begründet ist aufgrund der Informationen, die wir dazu gesammelt haben, eine Entscheidung, die abgestimmt ist auf unsere Werte und Wichtigkeiten und auf unsere Wirklichkeit. Um diese Entscheidung treffen zu können, um unterscheiden zu können, was wichtig ist für uns und was nicht, bleibt nur der Weg der Selbsterkenntnis, so beschwerlich dieser auch sein mag. Durch die Selbsterkenntnis ergründen wir, welche Werte für uns wichtig sind, welche Optionen für uns passen, welchem Handeln wir Bedeutung beimessen. Erst wenn wir uns auseinandersetzen mit unserer Herkunft, Erziehung und Sozialisation, mit der Gemeinschaft und Gesellschaft, mit unseren Werten und unserer Identität, dann gewinnen wir die Freiheit der Entscheidung. Dann können wir unsere Freiheit nutzen und auswählen, welchem Tun und Handeln wir Sinn verleihen, weil sie unseren Werten und Idealen und Zielen entsprechen und unser Leben zu einem stimmigen Ganzen verknüpfen.

Um ein Ausprobieren und Erproben werden wir dabei nicht herumkommen. Manches werden wir wieder verwerfen müssen, manches korrigieren. Eine gewisse Flexibilität ist unerlässlich. Das Leben ist nicht starr, ebenso wenig wir selbst und der Sinn, den wir den Dingen geben. Der Prozess ist niemals abgeschlossen, vielmehr ist eine ständige Reflexion, vielmehr aber noch sind ein Erspüren und ein Erfühlen gefragt, ein lebenslanges Lernen, ein lebenslanges Forschen und Erkennen. Und auch die Suche nach dem Sinn gehört zu diesem Prozess. Man kann Sinn immer wieder entdecken und finden oder besser noch: ihn entwickeln. In gewisser Weise also ist und bleibt der Weg das Ziel. Ob wir auf diesem Weg Sinn finden, erkennen wir, wie es der Psychotherapeut Uwe Böschemeyer so treffend formuliert hat, an dem »Gefühl, leben zu wollen im Hier und Jetzt – auch wenn die Umstände schwierig sind« (Uwe Böschemeyer, GEO Wissen, Sinn, S. 3).

Wenn am Ende unseres Weges, am Ende unserer Tage der Blick zurückschweift über unser Leben, wird es darauf ankommen, die eigene Geschichte zu erkennen, den Gesamtzusammenhang zu sehen, der unsere Geschicke bestimmt hat, damit wir sagen können: Es war sinnvoll unser Leben, und erfüllt. Sinn hat viel mit Zufriedenheit zu tun, mit dem Gefühl, einen Zusammenhang hergestellt zu haben zwischen Außen und Innen, seine Aufgabe gefunden, angenommen und erfüllt zu haben. Zwischen sich und den Menschen einen sinnlichen, seelischen und auch einen geistigen Zusammenhang erfahren zu haben. Selbst und Ich ins Lot gebracht zu haben, eine Resonanz gefunden zu haben in der Welt mit unserem Denken, Fühlen, Handeln und Tun. Je mehr uns das gelingt, desto mehr fühlen wir uns aufgehoben und geborgen in der Welt, ja, desto weniger sind wir entfremdet und leer. Es gibt vielfältige Arten, Sinn zu erfahren: in der Natur, der Kunst, der Arbeit, in Beziehungen, Liebe, Familie, mit Freunden, im Gespräch und im Zusammenhalt, mit Tieren, Pflanzen oder Dingen, im Entdecken der Welt und in der Liebe zum Leben und etwas Höherem. Für jeden erschließt sich der Sinn auf anderen Wegen, in anderen Varianten oder Facetten. Erkennen werden wir ihn dadurch, dass etwas für uns von Bedeutung ist. Dann treten wir damit in Beziehung, verknüpfen uns damit, stellen einen Zusammenhang her und geben dem Ganzen einen Sinn. Bedeutung, Beziehung und Sinn gehören zusammen. Die Auswahl treffen wir und nur wir.

Das passiert nicht von allein. Sinn entsteht im Laufe eines Lebens und entwickelt sich. Wir müssen ihn erkennen und entdecken in jeder Situation, in jeder Aufgabe, die das Leben uns stellt. In jeder Lebensphase neu. Wir beginnen mit unseren Grundbedürfnissen mit materiellen, äußeren und sinnlichen Dingen, fahren fort mit unseren menschlichen Beziehungen und unseren Talenten, die wir einbringen können in eine Gemeinschaft. Schließlich fangen wir an, uns nach innen zu wenden, uns zu reflektieren, uns selbst zu erkennen und zu erspüren. Und kehren dann zurück ins Außen. Denn wir sind nun einmal Gemeinschaftswesen, die das Du und das Gegenüber brauchen. Die das Miteinander brauchen und das Füreinander. Am Ende dieser, mal nach außen, mal nach innen gerichteten Bewegung, werden wir das, was wir in uns gefunden und als richtig für uns erkannt haben, auch nach außen strahlen wollen. Nicht nur unsere Fähigkeiten und unsere Talente, sondern auch unsere Haltung und unsere Werte, unser ganzes Wesen wollen wir einbringen. Dann sind wir weit darüber hinaus, dass nur das äußere Wohlbefinden, unser eigenes, das unserer Familie, unserer Firma und unserer Umgebung, uns mit Sinn erfüllt, so wie es Uli A. ergeht. Dann sind wir auf einer Stufe, auf der wir dem Leben und der Gemeinschaft etwas zurückgeben wollen, weil wir das Gute, das wir für uns erkannt haben, auch teilen wollen und können.

Nicht jeder wird diesen Weg bis zum Ende gehen. Wer es aber schafft, hat es gefunden, das gelingende und gute Leben. Und zwar eines, das nicht nur für ihn selbst ein gutes ist, sondern eines für alle. Eines, das sich an Idealen orientiert, am Guten schlechthin, nicht allein am subjektiv Guten. Ein gutes Leben braucht beides: eine Befreundung mit sich selbst und eine Befreundung mit dem Du. Ein Leben nach eigenen Maßstäben, nach einem eigenen Rhythmus und ein Leben im Miteinander, in Begegnungen und Beziehungen, in der Gemeinschaft. Und jenes Miteinander gelingt nur, wenn wir uns an ethischem Handeln orientieren und nicht nur mit uns, sondern auch mit den anderen gut umgehen. Oder wie Ariadne von Schirach es formuliert:

Es geht nicht darum, was man war und was man ist, sondern darum, was man sein könnte, würde man sich am Guten und Großzügigen ausrichten anstatt an der egoistischen Befriedigung der eigenen Wünsche. Dabei geht es um die Fähigkeit, sich an Werten oder Idealen zu orientieren, die mehr sind als die eigene Befindlichkeit.

(Ariadne von Schirach, Du sollst nicht funktionieren, S. 117)

Was dazu nötig ist, ist nach der Besinnung auf sich selbst ein Hinausdenken und Hinausgehen über sich. Dann vollzieht sich der Schritt vom Sinn *im* Leben zum Sinn *des* Lebens. Dann nehmen wir nicht nur etwas, sondern geben auch, geben der Welt und den Menschen etwas zurück. Wer diesen Schritt tut, ist nicht länger vereinzelt und fremd in dieser Welt, der spürt vielmehr den Zusammenhang mit allem um sich herum, mit den Dingen und Menschen. Der spürt vielleicht auch, dass es etwas Größeres und Höheres gibt als uns selbst, wie auch immer man das nennen mag. Der lüftet den Schleier zwischen Himmel und Erde, der fühlt sich aufgehoben im Sein.

Was macht es also aus, das gute Leben, nach dem wir doch alle streben? Das gelingende Leben, auf das wir am Ende zurückblicken können in Würde und mit Stolz, das uns nicht leer erscheint, sondern voll und erfüllt? Voll mit Sinn und erfüllt mit dem, was wir als wichtig herauskristallisiert haben. Sinn gehört ganz wesentlich dazu, denn wer nicht weiß, was er will, wer nur Leere und Sinnlosigkeit empfindet, der hat nicht wirklich gelebt. Ein gutes Leben braucht also Sinn, den wir selbst als Möglichkeit

»zwischen den Zeilen der Wirklichkeit« (Alfried Längle, Sinnvoll leben, S. 62) herausgelesen haben, mit unserer Person, mit unseren Fähigkeiten, mit Werten und Bedeutung verknüpft und den wir auf die Wirklichkeit abgestimmt haben. Voraussetzung dafür ist, dass wir uns über unsere Werte und Prioritäten bewusst sind, dass wir eine Auswahl und Entscheidung getroffen haben. Dass wir unsere Freiheit und Verantwortung angenommen haben und selbstbestimmt gehandelt haben als der, der wir sind, im Einklang von Ich und Selbst. Dazu gehört auch, dass wir unser eigenes Maß gefunden haben und unseren eigenen Rhythmus. Und dazu zählt nicht zuletzt, dass wir eine Haltung dem Leben gegenüber aufgebaut haben, die nicht nur mit den schönen, sondern auch mit den schrecklichen Seiten umgehen kann, dass wir Resilienz entwickelt haben. Dass wir auch eine Einstellung uns selbst und den Menschen gegenüber an den Tag legen, die um die Unzulänglichkeit alles Menschlichen weiß und nicht daran verzweifelt.

Aus all dem ergibt sich unser Lebensplan, der sinnvolles Handeln und Tun und weitreichende Ziele verbindet und wichtig ist für ein gelingendes und gutes Leben. Und dennoch greift es zu kurz, wenn wir nur darauf hinarbeiten, unsere Ziele zu erreichen, unsere Wünsche zu erfüllen. Es stellt sich zwar eine gewisse Befriedigung ein, wenn wir unsere Bedürfnisse stillen können, wenn sich möglichst viele unserer Ziele verwirklichen lassen, wenn wir Erfolg haben. Dennoch reicht das nicht. Langfristige Ziele in allen Lebensbereichen, in Familie, Beruf und im sozialen Leben, die sich zu einem Lebensplan verknüpfen und uns mit Zufriedenheit erfüllen, wenn wir diese Ziele erreichen, sind hilfreich und wichtig. Genau wie bestimmte Bedürfnisse nach materieller und körperlicher Sicherheit, nach

Schlaf, Essen, Trinken etc. gestillt sein müssen, damit es uns gut geht, ebenso ist es gut, wenn wir von uns gesetzte Ziele haben und sie auch erreichen. Das gilt vor allem für den Bereich der Arbeit, der sich dann mit Sinn füllt und nicht fremdbestimmt bleibt. Aber erst, wenn wir unser Leben auch auf wirklich Wertvolles ausrichten, unser Handeln und Tun mit Freude und mit dem Einsatz für den Wert einer Aufgabe, eines Menschen, einer Idee verbinden, dann werden wir das Gefühl haben, etwas wirklich Sinnvolles getan zu haben, etwas Gutes, etwas, das gelingt. Etwas Gutes nicht nur für uns, sondern etwas allgemein Gutes. Das gute Leben führt also über den Umweg der Besinnung auf sich selbst auch wieder weg vom Individualismus und Egoismus. Immer aber hat es mit Werten zu tun, die als gut und richtig erachtet werden und auf die wir uns ausrichten. Die uns Orientierung geben auf unserem Weg.

So viel lässt sich feststellen: Sinn und Werte sind die tiefsten Beweggründe unseres Lebens. Weit mehr als nach der Befriedigung unserer Bedürfnisse drängen wir alle danach, Sinn zu finden und unsere Werte zu verwirklichen und dadurch unser Gleichgewicht zu finden, unsere innere Mitte. »Menschsein weist immer schon über sich selbst hinaus«, so Frankl, »auf einen Sinn, den es zu erfüllen gilt oder ein anderes Menschsein, dem wir begegnen« (Viktor E. Frankl, Der Mensch auf der Suche nach dem Sinn, S. 100). Es ist »weder der Wille zur Macht, noch ein Wille zur Lust, sondern ein Wille zum Sinn«, der uns bestimmt und unser Menschsein ausmacht (Viktor E. Frankl, Der Mensch auf der Suche nach dem Sinn, S. 101).

Das gute Leben liegt also jenseits von Genusssucht und Eigenliebe, jenseits von Wunscherfüllung und Zielerreichung. Im guten Leben kreisen wir nicht nur um uns selbst, wir beziehen das Du mit ein, das Miteinander, die Gemeinschaft, und nehmen nicht nur, sondern geben auch. Das gute Leben braucht die Erkenntnis des Selbst und die Begegnung und Beziehung zu den anderen. Es weiß um die Endlichkeit, es weiß um die Wechselfälle des Lebens und auch um die Widersprüche, es klammert sie nicht aus. Es klammert auch den Tod nicht aus. Es fürchtet ihn aber auch nicht, denn nur wer sein Leben verpasst hat, nicht das eigene Leben, sondern das der anderen gelebt hat, nur wer vor dem Leben davongerannt ist, sich nicht auseinandergesetzt hat mit dem, was ihn ausmacht, sich von der Fülle der Möglichkeiten hat ablenken lassen, versucht hat, möglichst viel in sein Leben zu packen, anstatt sich zu beschränken auf das Wesentliche, nur der muss Angst haben vor dem Tod, vor dem Ende der irdischen Möglichkeiten, die man doch nie ausschöpfen kann. Im Gegenteil: Wenn es um den Sinn geht, ist der Tod nicht unser Feind, sondern unser Freund. Die Tatsache, dass es eine natürliche Begrenzung gibt, dass das Leben endlich ist, nicht unbegrenzt verfügbar, macht es so wertvoll. Umso wichtiger erscheint es aber auch, aus diesem Leben etwas zu machen, das wir uneingeschränkt bejahen können jenseits von Erfolg und Geld und oberflächlichen Erlebnissen.

Das gute Leben ist weit mehr als ein gefülltes Leben, »das darin besteht, möglichst viel von dem, was die Welt zu bieten hat, auszukosten und möglichst umfassend von ihren Möglichkeiten und Angeboten Gebrauch zu machen« (Hartmut Rosa, Beschleunigung, S. 290). Es reicht also nicht, nur die Erlebniswerte auszuschöpfen, möglichst viel hineinzupacken in die eigene Lebenszeit. Es reicht auch nicht, all seine Begabungen und Fähigkeiten auszuschöpfen, sein Potenzial vollständig zu entfalten, all seine schöpferischen Werte auszuloten. All das gehört zum Teil dazu, und dennoch ist es entscheidend, eine Auswahl zu treffen, den Mut zu haben, Dinge wegzulassen und dafür das Ausgewählte ganz zu tun. Und immer wieder über sich selbst hinauszudenken, sich einzuschwingen auf die Menschen, die Dinge, die Natur, die Arbeit, das Leben.

Es liegt an uns. Wir haben die Wahl. Dabei bleibt es – wieder einmal. Auch wenn es schwerfällt, auch wenn wir gern die Verantwortung abgeben würden. Wir können uns leben lassen oder selber leben. Alt und älter werden wir von alleine. Aber ob wir Kind bleiben oder erwachsen werden, liegt an uns. Wir können unsere Freiheit nutzen, wir können entscheiden und auswählen. In jedem Moment, in jeder Situation. Das Angebot an Möglichkeiten und an Sinn ist da, wir müssen es nur ergreifen. Wenn wir im Hier und Jetzt sind, wenn wir ganz bei uns sind und bei uns bleiben.

Es gilt also, Verantwortung zu übernehmen für unser Handeln und aus der Fülle der Möglichkeiten die passenden herauszufiltern. Es geht darum, unser Leben mit Wert und Bedeutung anzureichern, mit Hingabe und Aufmerksamkeit im Hier und Jetzt zu sein. Dann können wir auch dem Tod mit Gelassenheit und Würde begegnen. Angst macht uns nicht der Tod selbst, sondern die Tatsache, dass wir unser Leben vielleicht versäumt haben. Einem versäumten Leben werden wir aber nicht entgehen, indem wir immer mehr in unsere Lebenszeit pressen, sondern indem wir die wichtigen, die entscheidenden, die für uns stimmigen Dinge tun, indem wir den Sinn erkennen in jeder Situation. Wenn uns das gelingt, sind wir selbst unser gelebtes Leben geworden, sind zu unserer eigenen Geschichte geworden, der wir eine Deutung und Bedeutung gegeben haben. Denn am Ende wird unsere subjektive Lebenswahrheit zählen. Egal wie wir unser Leben gelebt haben, ob wir Fehler gemacht oder Versäumnisse zu beklagen haben, ob wir alles zu Ende gebracht haben oder manches noch unvollendet geblieben ist, wir werden uns vor uns selbst Rechenschaft ablegen müssen. Das verlangt unser Selbst am Ende der Tage: dass unser Leben nicht beliebig war, sondern Bedeutung hatte, einen Sinn.

Für viele ist das schon alles. Für einige ist da noch mehr. Ein Leben, das sich am Ende einer neuen Dimension öffnet. Einer Unendlichkeit, einem anderen Leben, einem größeren Ganzen. Für einige ist es zu ahnen, ist es vorstellbar, für einige auch eine Frage des Glaubens. Für viele ist es Hoffnung, Wunsch und Sehnsucht. Wie auch immer man es nennen mag: das Ewige, das Göttliche, The Great Beyond, wie auch immer man es sich vorstellen will. Für die, die sich dieser Dimension öffnen, gibt es über das Selbst hinaus noch eine weitere Stufe, eine höhere Instanz und eine größere Geborgenheit und Fülle als im eigenen Leben. Und auch das kann dem Leben noch einmal einen ganz anderen und ganz neuen und tiefen Sinn verleihen. In jeder Phase des Lebens und ganz besonders am Schluss. Dann gesellt sich die Weisheit zum Alter, wenn man das Sein an sich erkennt, das an sich Gute und Schöne, das Wesen der Dinge, das man nur bewundern, aber nie besitzen kann.

Sinn im Leben bedeutet für jeden etwas anderes. Ein Leben ohne Sinn bedeutet nichts. Die Suche danach macht also buchstäblich Sinn – für jeden, in welcher Situation auch immer. Sie beginnt mit einer Be-Sinnung, mit einem Bewusstwerden dessen, was zählt im Leben, was wir daraus machen wollen, was uns wichtig ist und endet mit dem Erkennen, wer wir sind und was wir wollen, wenn wir unsere Freiheit nutzen und unser Leben erwachsen gestalten.

Und was hat das alles mit Glück zu tun? Glück ist nichts, das man auf dem direkten Weg erreichen könnte. Nichts, das zu kaufen wäre. Nichts, das so einfach planbar wäre. Aber ein sinnvolles, ein erfülltes und gutes Leben ist die Voraussetzung dafür, glücklich zu werden und vor allem glücklich zu sein. Wobei mit Glück hier abermals nicht das Glück des Augenblicks gemeint ist, sondern das schon beschriebene philosophische Glück, das »Glück der Fülle« nach Wilhelm Schmid, das als Einziges von Dauer sein kann. Gemeint ist die bereits erwähnte »Eudaimonía«, die nicht nur mit Glück übersetzt wird, sondern auch mit »Wohl«, »Wohlergehen« und nicht zuletzt mit »dem guten Leben«. Hier schließt sich also der Kreis: Sinn, Glück und ein gutes Leben sind nur im Schulterschluss zu erlangen. Für ein gutes Leben können wir einiges tun. Das Glück gibt es als Dreingabe, aber auch dafür können wir die Voraussetzungen schaffen, indem wir an unserer Haltung arbeiten, an unserem Blick aufs Leben. Indem wir nicht nur aus schönen und einfachen Erlebnissen schöpfen, sondern auch aus den schwierigen und manchmal schrecklichen Momenten etwas für uns herausziehen, das uns weiterbringt. Dann ergibt sich eine dauerhaft positive Stimmung, in der wir uns rundum eins fühlen mit uns und der Welt, dann entsteht Glück. Für das gute Leben können wir selbst etwas tun, das glückliche Leben ergibt sich daraus. Wenn man so will, ist Glück das Gefühl, das ein gutes Leben begleitet. Und das ist es, was wir uns am Ende wünschen, gut zu leben und glücklich zu sein. Und die Geschichte unseres Lebens zu erzählen.

Zu kaufen ist das alles nicht, geschenkt bekommen wir es auch nicht. Es hat nichts mit Lust zu tun, nichts mit der

Befriedigung von Bedürfnissen, nur bedingt mit dem Erreichen von Zielen und dem Ausleben unserer Fähigkeiten, vielmehr hingegen mit einer Liebe zu uns selbst, zu den Menschen und zum Leben, mit der Umsetzung von Werten, mit einer Selbstbestimmtheit, die ihr Maß kennt, mit Bedeutung, die wir Dingen, Menschen, unserem Handeln geben, mit Aufmerksamkeit und Hingabe. Es hat nichts zu tun mit Schnelligkeit und Oberflächlichkeit, mit einer raschen Wunscherfüllung und schnellen Befriedigung, mit einem Immer-mehr-und-immer-Schneller. Es hat mit Dauer zu tun, die wir dem Augenblick verleihen können, wenn wir ganz im Hier und Jetzt sind, ganz beim anderen, ganz bei unserer Aufgabe, ganz bei uns. Um zur »Eudaimonía«, zum guten, sinnvollen Leben und zum Glück zu gelangen, müssen wir uns vor allem uns selbst stellen, denn nicht äußere Faktoren spielen dabei eine vordringliche Rolle, sondern innere wie Ausgeglichenheit, Zufriedenheit, eine innere Balance und Harmonie. Eine Stimmigkeit, die wir für uns und unser Leben gefunden haben. Jeder für sich. Jeder nach seinem Maß und Rhythmus. Und doch nicht auf sich allein bezogen, sondern auf das Du gerichtet.

Sinn, Erfüllung und Freude finden – Leitfragen und Handlungsimpulse für ein stimmiges Leben

Überlegen Sie zunächst, wann und in welchen Situationen Sie Sinn, Erfüllung und Freude erlebt haben:

- Wann und wobei empfinden Sie Freude und Erfüllung? In der Arbeit, der Natur, in der Kunst oder beim Sport, in der Beschäftigung mit der Wissenschaft, der Technik, mit Menschen, der Familie oder im geistigen und spirituellen Bereich?
- Welche Tätigkeit ist für Sie sinnstiftend? Denken Sie nicht nur an große Erfolge, sondern auch an alltägliche Dinge. Welche Begegnungen schenken Ihnen Sinn?
- »Es gibt nichts Schlechtes, an dem nicht auch etwas Gutes ist«, so ein Sprichwort. Welchen Sinn haben Sie aus schwierigen Situationen für sich erkannt?
- Wann sind Sie ganz im Reinen mit sich und völlig zufrieden?

Machen Sie sich anschließend bewusst, welche konkreten Ziele und Aufgaben sich daraus für Ihr Leben im Hinblick auf Sinn, Erfüllung und Stimmigkeit ergeben. Achten Sie darauf, dass diese Ziele wieder möglichst konkret, positiv und für Sie erstrebenswert, von Ihnen selbst umsetzbar und realisierbar sind und mit Ihrem Umfeld vereinbar:

- Was gehört für Sie zu einem guten Leben, das zu Ihnen passt? Wann ist es stimmig für Sie? Wie wäre Ihr Leben, wenn es richtig schön wäre?
- Wann gelingt Ihr Leben in den einzelnen Bereichen? Was braucht es dazu?

- Was ist Ihre Aufgabe im Leben? Was geben Sie der Welt und den Menschen?
- Worin besteht Ihre Vision?
- Was ist der Sinn in Ihrem Leben? Wodurch können Sie Sinn entwickeln?

Nun geht es daran, zu überlegen, was alles nötig ist, damit Ihr Leben stimmig wird, welche äußere Hilfestellung es gibt und welche eigenen Ressourcen:

- Denken Sie an Situationen oder Phasen, in denen Sie das Gefühl hatten, Ihr Leben ist sinnvoll, stimmig und gut: Wie haben Sie das geschafft? Was war dafür nötig? Was braucht es, damit Ihr Leben gelingt?
- Wer ist ein Vorbild für Sie? Was können Sie von dieser Person lernen? Welche Fähigkeiten oder Eigenschaften hat sie, die Ihnen nutzen können?

Entwickeln Sie eine Strategie, wie Sie sich Ihrer Lebensaufgabe nähern können:

- Wie sehen die einzelnen Schritte aus, die Sie tun müssen, damit Ihr Leben für Sie passt? Was brauchen Sie, um den ersten Schritt zu tun?
- Was ist am wichtigsten? Was fällt am leichtesten? Womit wollen Sie beginnen?

Was Sie noch tun können:

- Die Frage nach dem Sinn in Ihrem Leben beantwortet sich nicht in einer Stunde. Beschäftigen Sie sich immer wieder mit dieser Frage und halten Sie Ihre Gedanken dazu fest.

- Notieren Sie sich über einen längeren Zeitraum, in welchen Situationen Sie Freude empfinden, wann Sie im Einklang mit sich sind, wann Sie das Gefühl haben, sinnvoll zu handeln.

- Suchen Sie sich einen ruhigen Platz, schließen Sie die Augen und versetzen Sie sich in die Zukunft, in der Sie Sinn und Erfüllung erleben: Malen Sie sich möglichst genau aus, was alles dazugehört, wie es sich anfühlt. Wo und wie leben Sie dann? Was braucht es, um die Vision zu verwirklichen? Denken Sie an alle Bereiche Ihres Lebens.

- Suchen Sie sich Gesprächspartner auf Augenhöhe, mit denen Sie über die Sinnfrage sprechen können.

- Schreiben Sie eine Rede zu Ihrem 80. Geburtstag. Was würden Sie dann gern über sich und Ihr Leben sagen?

- Stellen Sie sich vor, Sie sind 20 Jahre älter als heute und blicken wohlwollend zurück: Was würden Sie sich für Ihre jetzige Situation raten?

Der Weg ist das Ziel

Geschichten, die unsere eigenen werden – sechs Fallbeispiele

Hubert K. (45)

Sehr schnell war Hubert K. nach seinem Rauswurf klar geworden, dass er zwar seinen Job bei dem Pharmaunternehmen, für das er tätig war, im Grunde gern gemacht hatte, dass er aber in den letzten Jahren immer mehr in seine freie Zeit gepackt hatte, um den stressigen Alltag zu kompensieren und Düsseldorf zu entfliehen, das nie seine Heimat geworden war. Als wäre er nicht schon genug unterwegs in seinem Job, hatte er immer öfter am Wochenende Reisen unternommen, war zum Fotografieren gefahren, zu Städtetrips mit seiner Lebensgefährtin oder für ein verlängertes Wochenende zum Tauchen aufgebrochen. Hatte seine alten Freunde in München besucht und war mit ihnen in die Berge gegangen oder aufs Oktoberfest. Aber auch in Düsseldorf war seine Freizeit längst keine wirklich freie Zeit mehr, wenn er denn mal da war und nicht beruflich unterwegs. Dann ging er mit seiner Lebensgefährtin aus und kannte jedes angesagte Restaurant. Und doch war sein Leben immer schaler geworden. Das wurde ihm bewusst, als er plötzlich Zeit hatte. Der Jobverlust alleine war es also nicht, was Hubert nun nachdenken ließ. Die Erkenntnis, dass etwas nicht stimmte, lag schnell auf der Hand, der Plan, wie es weitergehen sollte, brauchte ein paar Monate Zeit. Aber

Zeit war ja nun etwas, das Hubert plötzlich zur Verfügung stand.

Also packte Hubert erst einmal die Koffer und fuhr nach München und von dort aus weiter in die Berge. Er suchte sich eine kleine Pension und mietete sich für ein paar Wochen ein. Von dort aus unternahm er lange Wanderungen und machte Touren mit dem Mountainbike, blieb manchmal auch für mehrere Tage weg und übernachtete in Hütten. Unter der Woche waren nicht viele Wanderer oder Biker unterwegs und so hatte er genügend Zeit, die letzten Monate und Jahre Revue passieren zu lassen. Und dort, allein mit sich und der Natur, zog Hubert Bilanz. Und gestand sich ein, dass er vieles von dem, was sein Leben ausmachte, nicht brauchte. Die teuren Reisen waren nur eine Flucht gewesen, das Loft nur der gescheiterte Versuch, in Düsseldorf Wurzeln zu schlagen, indem er sich eine schicke Wohnung nahm, all die vielen Ablenkungen nur der Wunsch, auszubrechen aus seinem Alltag. Das war ihm nun klar. Was er wirklich brauchte, war die Natur, waren die Berge, waren seine Freunde in München, war vor allem Zeit, die er mit ihnen verbringen konnte und mit seiner Lebensgefährtin Karin. Was er brauchte, war nicht immer noch mehr Erfolg und Geld, das er doch nur wieder ausgab für Dinge, die ihm nichts bedeuteten, sondern mehr Zeit und Qualität in seinem Leben. Das war das Ergebnis, das Hubert von seinem Urlaub in den Bergen mitbrachte. Und das bedeutete, dass er am liebsten zurück nach München wollte.

Doch was würde Karin dazu sagen? Sie war sein Stück Heimat in Düsseldorf gewesen und war mit ihm vor 15 Jahren nach Düsseldorf gezogen. Aber im Gegensatz zu Hubert hatte sie dort mehr Anschluss und sogar Freundinnen gefunden. War sie bereit, das alles aufzugeben und mit ihm wieder zurück nach München zu gehen? Das konnte einen neuen Härtetest für ihre Beziehung bedeuten, aber Hubert wusste, dass er es darauf ankommen lassen musste. Nach vielen langen Gesprächen und anfänglichem Zögern stand fest: Ja, sie war bereit, noch einmal Job und Stadt zu wechseln und neu anzufangen. Den Ausschlag hatte gegeben, dass Hubert einfach nicht glücklich gewesen war in Düsseldorf, und das war auch ihr nicht entgangen. Und schließlich hatte auch Karin in München genau wie Hubert noch ihren alten, gemeinsamen Freundeskreis. Die finanziellen Abstriche würden sie freilich spüren, aber wenn sie dafür wieder mehr Zeit miteinander verbringen konnten, war es Karin das wert. Sicher, so mancher Luxus würde wegfallen und das wäre eine große Umstellung, aber war es nicht letztlich eine Chance, ihrer etwas eingefahrenen Beziehung wieder neuen Schwung zu verleihen? Karin war bereit für die Herausforderung. Und im Grunde freute sie sich sogar darauf, denn endlich hatten Hubert und sie wieder ein gemeinsames Ziel.

Und so begann die Jobsuche für beide, die sich nun auf München konzentrierte. Karin wurde ziemlich schnell fündig bei einer der großen Versicherungen, bei Hubert dauerte es noch etwas länger und strapazierte seine Geduld und sein Durchhaltevermögen, weil er keine Marketingleitung mehr übernehmen, sondern wieder stärker im operativen Bereich tätig sein wollte. Aber dann fand auch er nach fast einem Jahr, was er suchte: eine neue Aufgabe, die ihn wieder viel näher am Produkt arbeiten ließ, ihn nicht mehr so oft auf Reisen führte und ihm nicht so viel Verantwortung aufbürdete. Finanziell musste er natürlich zurückstecken, aber das gehörte zum Plan. Dafür war er endlich zurück in München. Und er saß nun nicht mehr bis spätabends im Büro und musste sich dafür mit Ablenkungen aller Art belohnen. Jetzt konnte er seine Freizeit wieder als freie Zeit sehen und sie so verbringen, wie er sich das wünschte. Dass es ihm gut ging dabei, spürten alle um ihn herum. Nicht zuletzt Karin.

Susanne B. (41)

Nach einer guten Woche in der Klinik durfte Susanne B. nach Hause. Doch die Zeit nach ihrem Unfall hatte gereicht, um einen Entschluss zu fassen: Susanne wollte sich, solange ihr Bein und ihre Rippen heilten, nicht gleich wieder von zu Hause aus kopfüber in die Arbeit stürzen. Sie war ohnehin für weitere acht Wochen im Krankenstand und hatte mit der Kanzlei vereinbart, dass sie sich auch wirklich mindestens so lange Zeit nahm, um wieder gesund zu werden und um auch wieder zu Kräften zu kommen. Eventuell sogar noch ein wenig länger. Das war leichter durchzusetzen gewesen, als gedacht. Denn als Susanne ihren Entschluss mitgeteilt hatte, war sie damit auf offene Ohren gestoßen. Mehr als einem Kollegen war aufgefallen, dass Susanne eine Auszeit brauchte, mal Luft holen musste. Und die wollte man ihr gerne zugestehen, denn sie machte einen wirklich guten Job. Ulrike, ihre Assistentin, war geradezu erleichtert gewesen. Kein Wunder, sie hatte ja auch täglich Susannes Stimmungen abbekommen. Die Mandate wurden auf die Kollegen verteilt, Ulrike sollte nur in dringenden Fällen bei Susanne anrufen, ansonsten wollte man ihr die Ruhe gönnen, die sie selbst sich nun endlich einmal zugestand.

Und da saß sie nun und hatte mindestens acht Wochen vor sich, um wieder Energie zu tanken, aber auch, um sich klar zu werden, was sie ändern musste in ihrem Leben. Was sie auch ändern wollte, denn so konnte es nicht weitergehen. Nicht in ihrem beruflichen Umfeld und schon gar nicht im privaten Bereich.

Anfangs fiel es ihr schwer, nicht in der Kanzlei anzurufen und sich stattdessen sich selbst zu stellen. Wann war sie zuletzt so viel allein gewesen mit sich? Aber Susanne nahm sich vor, sich darauf einzulassen und das Beste aus der Situation zu machen. All ihre Beziehungen einmal genauer zu betrachten und vor allem die zu ihrem Mann Jochen. Dafür wollte sie sich jeden Tag etwas gönnen, sich selbst etwas Gutes tun, Kleinigkeiten oft nur wie eine schöne Tasse Tee, eine Stunde in der Frühlingssonne auf der Terrasse oder ein gutes Buch. Langsam lernte sie, all diese Dinge zu genießen, sie mit allen Sinnen aufzunehmen. Und langsam lernte sie auch, sich zu verzeihen für die Treibjagd, die sie mit sich selbst veranstaltet hatte. Sie wurde ruhiger. Und sie erkannte mit Scham, wie sehr sie sich verändert hatte. Wie oberflächlich sie geworden war, wie respektlos oftmals. Und wie unglücklich sie selbst darüber war. Viel zu hoch waren die Ansprüche gewesen und die Erwartungen, die sie an sich selbst und an die anderen gestellt hatte. Das war ihr nun klar.

Susanne machte reinen Tisch mit sich. Sie schickte Ulrike einen Blumenstrauß, ein Buch und eine Karte und entschuldigte sich für ihr Verhalten in der letzten Zeit. Und sie bedankte sich für ihre Arbeit, die ihr so viel abgenommen hatte. Susanne hatte das viel zu wenig gewürdigt. Sie rief alte Freunde an und nahm sich Zeit, zu hören, wie es ihnen ging. Sie machte Pläne, wen sie einladen oder besuchen wollte. Sie sprach oft mit Beate, ihrer besten Freundin, und bat sie um Unterstützung und auch um Rat. Sie erkannte wieder, wer ihr wichtig war. Vor allem Jochen, ihr Mann. Susanne dachte viel über ihn und ihre Beziehung nach. Wie sehr sie ihn liebte. Immer noch.

Auch ihn hatte sie vernachlässigt, viel zu sehr und viel zu lange. Sie erinnerte sich an ihre Anfangszeit mit Jochen und lächelte vor sich hin, wenn sie daran zurückdachte, wie sie ihn in einem Café kennengelernt und sofort gewusst hatte: Der ist es. Mit ihm will ich leben. Dass das auch heute noch galt, war Susanne schnell klar geworden. All die Nörgeleien und Streitigkeiten waren im Grunde nur der Ausdruck dafür, dass Susanne mit sich selbst und ihrem Leben unzufrieden war, nicht mit Jochen. Ihn wollte sie immer noch. Und sie wollte, dass ihre Beziehung wieder so wurde, wie sie einmal war: voller Nähe und Vertrauen. Dafür musste sie etwas tun. Sie musste ihm zeigen, wie viel ihr an ihm lag. Und es ihm sagen. Es erforderte viele Gespräche und viel Ehrlichkeit, aber Susanne wusste mit jedem Tag mehr, wie viel er ihr bedeutete. Und langsam taute das Eis auch wieder auf zwischen ihnen.

Als zehn Wochen vorbei waren, waren Susanne und Jochen auf einem guten Weg. Die Zeit und vor allem die Aufmerksamkeit, die Susanne Jochen schenkte und bald zurückbekam, taten ihnen gut, und Susanne wusste nun, dass sie in der Kanzlei einen Gang zurückschalten wollte. Um nicht wieder sich selbst und alle anderen zu vernachlässigen, die ihr wichtig waren. Um Pläne zu schmieden, wie sie ihr Leben verbringen wollte. Susanne wusste nun auch, dass sie ihren eigenen Rhythmus finden musste und das für sie richtige Maß, das nicht an überzogenen Ansprüchen ausgerichtet war, sondern ihr entsprach. Der alte Traum einer eigenen kleinen Kanzlei war während der freien Zeit in Susanne wieder wach geworden, denn Susanne liebte ihre Aufgabe als Anwältin im Grunde immer noch, wünschte sich aber, auf lange Sicht neue Schwerpunkte setzen und mehr über ihre Zeit bestimmen zu können. Der Plan einer eigenen Kanzlei brauchte noch seine

Zeit und viel Vorarbeit, aber mittelfristig sollte das ihr großes Ziel sein. Jochen war nur zu gerne bereit, sie dabei zu unterstützen. Und noch ein anderer Traum wurde vielleicht wahr, wenn Susanne die Zeichen richtig deutete. Ein Traum, den Susanne sich nicht erlaubt hatte, viel zu lange nicht. Der von einem Kind mit Jochen. Jetzt war der richtige Zeitpunkt dafür.

Irina L. (43)

Irina hatte eine harte Zeit hinter sich, ein wahres Tal der Tränen. Nach dem ersten Schock der Trennung hatte sie immer noch gehofft, Thomas würde zurückkommen, würde erkennen, dass sie zusammengehörten. Für immer, so wie sie es einmal versprochen hatten. Doch bald war Irina klar geworden, dass sie sich etwas vormachte, dass sie sich schon viel zu lange etwas vorgemacht hatte. Dass schon längst nicht mehr alles so gewesen war, wie es hatte sein sollen. Und dann war die Verzweiflung mit aller Wucht über sie hereingebrochen. Tagelang hatte Irina kaum etwas gegessen, hatte sich krankgemeldet, sich zu Hause vergraben und geweint. Erst nur um Thomas und das Ende einer großen Liebe, aber irgendwann auch um sich selbst. Um all die verlorenen Träume, die geheimen Sehnsüchte, die verschütteten Wünsche und eigenen Bedürfnisse. Was hatte sie nicht alles aus ihrem Leben machen wollen! Und was war daraus geworden? Erst langsam konnte Irina in all ihrer Trauer auch das Gute erkennen: Sie hatte zwei wundervolle Kinder, die zu ihr hielten, die sie unterstützten und ihr gut zuredeten. Die intelligent waren und ihren Weg gingen. Die Pläne hatten für ihr Leben und sie auch anpackten. Doch was war mit ihr? Was sollte sie mit ihrem Leben nun anfangen? War es schon zu spät dafür, sich ein neues Leben aufzubauen?

Irina wurde langsam klar, dass ihr Leben schon längst pure Routine geworden war. Dass sie sich in ihrer Komfortzone eingerichtet und nichts mehr hinterfragt hatte. Nicht ihre Ehe, nicht ihre Bequemlichkeit, nicht ihren Job. Und schon gar nicht ihre wahren Bedürfnisse. Dabei war ihr der Job längst überdrüssig geworden, viel zu lange schon hatte sie sich durch die endlos langen Tage in der Apotheke gequält und sich das Wochenende herbeigewünscht, um in ihrem Garten werkeln zu können. Um sich um ihre Kräuter- und Blumenbeete zu kümmern und alles um sich herum vergessen zu können. Irina hatte das, was man einen grünen Daumen nannte. Und nicht nur das: Sie hatte ein unglaubliches Talent, aus ihren Blumen und Sträuchern herrliche Sträuße zu binden, zu Familienfeiern ausgefallene Gestecke auf den Tisch zu zaubern und ihre Bekannten immer wieder mit eigenen Kreationen zu überraschen. Das war es, was sie konnte. Das war es, was sie liebte. Dann war ihr Leben plötzlich nicht langweilig und grau, sondern bunt.

Der Job in der Apotheke dagegen ödete sie nur an. Das Herz ging ihr erst auf, wenn sie mit ihren Pflanzen zu tun hatte. Wie gern sie damit ihre ganze Zeit verbringen würde! Irina hatte sich das nie wirklich überlegt. Aber was wäre, wenn sie es versuchen würde? Was, wenn sie einen eigenen Blumenladen hätte? In dem sie ihrer Kreativität freien Lauf lassen konnte? In dem sie ihr eigener Herr wäre? Und warum eigentlich nicht? Was hinderte sie daran?

Langsam reifte in Irina über die Monate diese Idee. Sie war es, die ihr immer wieder in den Sinn kam, wenn sie traurig war. Sie war es, die ihr neuen Mut gab. Und Irina begann, diese Idee Gestalt annehmen zu lassen. Das Haus wollten sie sowieso verkaufen. Wozu es auch behalten? Leon kam ohnehin nur in den Semesterferien nach Hause und Anna machte in einem halben Jahr Abitur und zog dann auch aus. Da war das Haus ohnehin zu groß für sie allein. Und zu voll mit Erinnerungen. Viel lieber wäre ihr eine Erdgeschosswohnung mit einem Garten, näher an der Stadt. Und wenn ohnehin alles sich veränderte, warum dann nicht auch ihr Beruf? Irina erkundigte sich, wie viel Geld sie für einen eigenen Blumenladen aufbringen musste, führte Gespräche mit ihren Eltern, mit vielen Bekannten, mit ihren Kindern und auch mit Thomas. Vor allem aber mit Sabine, ihrer ehemaligen Kollegin aus der Apotheke. Sabine war ihr einige Wochen nach der Trennung zufällig über den Weg gelaufen und hatte sich bald darauf gemeldet und mit Irina immer wieder etwas unternommen, um sie aus der Trübsal zu reißen. So war über die Monate eine echte Freundschaft entstanden. Und Sabine war es auch, die sie nun am meisten unterstützte. Sabine und ihr Mann Werner, der in einer Bank arbeitete und alles einmal durchrechnete für Irina.

Was erst nur eine vage Idee gewesen war, nahm langsam Gestalt an, als Irinas Eltern erkannten, wie ernst es ihr damit war, und beschlossen, ihr einen Vorgriff auf ihr Erbe auszuzahlen. Jetzt war er zum Greifen nah, ihr Traum. Jetzt hatte sie das Kapital, das sie brauchte.

Irina überlegte nicht lange, sondern griff zu und suchte nicht nur eine Wohnung mit Garten für sich und Anna, sondern auch einen Laden. Sie sprühte regelrecht vor Energie und Tatendrang. Jeden Morgen freute sie sich auf den Tag, der vor ihr lag und sie ihrem neuen Leben ein Stück näherbrachte. Als sie ein halbes Jahr später die Eröffnung ihres Blumenladens feierte und schon erste große Aufträge hatte, um Hochzeiten und Geburtstage auszurichten, strahlte sie. Sie war endlich angekommen in ihrem Leben.

Nina M. (48)

Die Leere, die Nina nach dem Tod ihrer Mutter spürte, hielt noch einige Wochen an. Wie erschlagen fühlte sie sich in dieser Zeit, müde und ausgelaugt. Alles fiel ihr schwer, alles erschien ihr sinnlos. Da war die frische Trauer um die Mutter, die die alte Trauer um den Vater gleich auch noch einmal aufwarf. Da war aber auch ein tiefes Unbehagen in Nina, das sie schon länger verspürte und das nun nicht mehr zu verdrängen war. Und sie wusste, dass es damit zu tun hatte, dass ihr nun die Endlichkeit des Lebens so deutlich vor Augen stand, dass sie nicht mehr wegsehen konnte. Dass es mit ihr zu tun hatte, mit der Art, wie sie ihr Leben führte und auch mit ihrem Job in der Bank, der in ihr immer mehr Widerwillen erzeugte.

Wie gern hätte sie all diese Dinge mit ihren Eltern besprochen, vor allem mit ihrem Vater, der für Nina immer eine Instanz gewesen war. Der auch jetzt zugehört und verstanden hätte, was sie gerade bewegte oder was ihr durch den Kopf ging. Was Zweifel in ihr erzeugte und manchmal auch Wut, vor allem aber immer mehr Ablehnung. Der verstanden hätte, in welcher Zwickmühle sie sich befand und vielleicht eine Lösung oder zumindest einen Rat für sie gehabt hätte. Nina spürte fast körperlich, wie sehr sie all das vermisste, ein Zuhause, in das sie immer kommen konnte, das ihr Geborgenheit und Sicherheit gewährte. Einen Ort, an dem Menschen waren, die sie so liebten, wie sie war. Wo sie nicht die toughe Businessfrau geben musste, sondern auch mal Schwächen zeigen konnte. Nina fühlte sich unendlich allein. Hinzu kam, dass sie nun an den Wochenenden wieder viel mehr Zeit hatte, denn die Pflege der Mutter, die Besuche und die Organisation des Alltags dort hatten viel Zeit gekostet. Das Haus hatten ihre Schwester und sie bereits ausgeräumt, viele Sachen verschenkt oder verkauft, einige selbst behalten und nun stand ihr altes Zuhause also zum Verkauf. Nina fiel es schwer, daran zu denken, dass bald eine andere Familie dort wohnen würde, die Räume mit Lachen und mit Leben füllen würde. Aber für sie allein war das Haus zu groß, und ihre Schwester Helena hatte selbst gebaut. Hätte sie selbst eine Familie gehabt oder zumindest einen Partner, sähe die Sache anders aus. Dann hätte sie das Haus niemals aufgegeben. Aber das hatte Nina all die Jahre versäumt.

Dafür war Nina frei. Nun noch mehr als früher. Aber was machte sie aus dieser Freiheit? Nutzte sie sie wirklich? Und wusste sie überhaupt, wofür sie sie nutzen wollte? Wieder und wieder kam Nina an diese Fragen. Und stellte fest, dass sie über die Jahre aus den Augen verloren hatte, was ihr einmal wichtig war: ein richtiges Zuhause zu haben, eine Partnerschaft, vielleicht auch eine Familie, Zeit fürs Reisen und Kochen, Zeit für einen Hund, den sie sich schon so lange wünschte, und natürlich eine Aufgabe, die zu ihr passte und die ihr nicht so sinnlos erschien wie ihr Job in der Bank. Karriere und Erfolg standen nicht auf dieser Wunschliste oder nicht mehr. Nina hatte sich nach ihrem Studium hochgearbeitet in der Bank, fand dort Anerkennung und verdiente gutes Geld. Dazu kamen die jährlichen Boni, die ihr ein solides finanzielles Polster verschafft hatten. Aber motiviert hatten sie sie nicht. Schon lange nicht mehr.

Drei Monate dauerte dieser Prozess des Reflektierens für Nina. Dann war ihr klar, dass sie nicht nur die Freiheit, sondern auch die Verantwortung hatte, ihr Leben selbst in die Hand zu nehmen. Ihr Entschluss stand fest: Sie nahm ein Sabbatical von drei Monaten und buchte eine Reise nach Australien und Neuseeland – ein alter Wunsch, den sie sich damit erfüllte. Und sie besprach mit ihrer Schwester, mit dem Verkauf des Elternhauses noch zu warten, es vielleicht erst nur zu vermieten. Nina wollte über ihre Zukunft nachdenken und dazu gehörte auch, das Haus vielleicht doch noch selbst zu übernehmen.

Als Nina zurückkam von ihrer Reise, war nicht nur eine alte Sehnsucht gestillt. Sie hatte im Flugzeug einen Mann kennengelernt, der ähnlich wie sie eine große Veränderung in seinem Leben zu verdauen hatte und nach seiner Scheidung drei Wochen lang nach Neuseeland gereist war, um damit einen Schlusspunkt hinter eine lange und schwierige Zeit zu setzen und um wieder nach vorne zu schauen. Sehr schnell hatten Nina und Peter sich lieben gelernt und über eine gemeinsame Zukunft nachgedacht. Peter teilte sich mit seiner Exfrau das Sorgerecht für seine halbwüchsigen Kinder und suchte ein neues Zuhause für sie. Zwar war ihre Liebe noch jung, aber vielleicht war das Haus von Ninas Eltern ja genau der Ort, um ihr und Peters Kindern dort eine Heimat zu geben. Ihren Job in der Bank wollte Nina baldmöglichst aufgeben. Ihr war klar geworden, dass der ständige Wertekonflikt, der in ihrem Inneren tobte, unter den gegebenen Umständen kein Ende finden würde. Nina wollte sich also nach einer neuen Aufgabe umsehen, nicht mehr in einer Bank, sondern in einem Unternehmen, das zu ihr passte, ein gutes Arbeitsklima und eine Unternehmenskultur hatte, in der Nina sich entfalten konnte.

Neun Monate später wurden ihre Pläne – ihre beruflichen und ihre privaten – zwar noch nicht alle Wirklichkeit, waren aber auf einem guten Weg und schon sehr konkret. Aber Nina wusste nun, was sie wollte und ließ nicht mehr locker. Nina fühlte sich zum ersten Mal in ihrem Leben erwachsen und fing an, ihr Leben zu leben und sich ein eigenes Zuhause zu schaffen.

Holger S. (44)

Vier Wochen dauerte die Reha, die Holger nach seinem Bandscheibenvorfall absolvierte. Danach nahm er noch zwei Wochen Urlaub, die er mit seiner Frau in Spanien verbrachte. Die Kinder blieben in der Zeit bei den Großeltern, die sich freuten, ihre Enkel einmal ganz für sich zu haben. Früher wäre das undenkbar gewesen, dass er nach der wochenlangen Reha gleich auch noch einen Urlaub anhängte. Aber zum einen war es ein Rat der Ärzte, dem Rücken noch etwas Entspannung und Wärme zu gönnen, zum anderen war Holger in der Reha vieles klar geworden. Und das wollte er in Ruhe mit seiner Frau besprechen. Denn es konnte bedeuten, dass sie ihr Leben neu gestalten würden. Dass sie noch einmal ganz von vorne anfangen würden.

Und so nutzte Holger die Tage in Spanien nicht nur, um einmal wieder ohne die Kinder Zeit mit Anita zu verbringen, sondern um ihr auch ausführlich von all den Gedanken zu erzählen, die ihn beschäftigt und bewegt hatten während der Reha. Von seinem Gefühl, dass er sich selbst über die Jahre verloren gegangen war. Dass er immer weiter funktioniert habe, aber immer weniger Sinn in alldem gesehen hatte. Dass er schon lange gespürt hatte, dass etwas nicht mehr stimmte. Nicht nur mit seiner Gesundheit, sondern auch mit seinem Beruf. Dass er gewissenhaft die Ziele der anderen, der Firma verfolgt hatte, aber längst nicht mehr seine eigenen. Er sprach davon, wie oft er sich gefragt habe, was das alles mit ihm zu tun habe. Und dass er sich dann allein gefühlt habe und fremd, obwohl doch alles lief in seinem Leben, und wie sehr er sich geschämt habe, darüber mit seiner Frau zu reden. Dass er streckenweise resigniert habe, weil das Leben halt nun mal so sei. Dass er aber nun aufgewacht sei, denn so wolle und könne er nicht weitermachen. Das war er seiner Gesundheit schuldig, aber mehr noch seiner Frau, seiner Familie und nicht zuletzt auch sich selbst.

Anita hatte zugehört und immer wieder genickt. Irgendwann waren ihr die Tränen gekommen, nicht aus Trauer, sondern aus Erleichterung und Freude. Denn das war endlich wieder ihr Holger, der da sprach. Der mit ihr redete, der sie teilhaben ließ an seinen Gedanken. Der nicht alles wegschob, sondern anpackte. Der nicht klein beigab, sondern wieder lebendig war. Der für seine Ziele und Ideale brannte und sie in die Tat umsetzte. Und als Holger ihr dann davon erzählte, dass er schon länger darüber nachdachte, mit zwei ehemaligen Kollegen eine eigene Vertriebsorganisation aufzubauen, da war Anita begeistert.

Das war endlich etwas, das Holger entsprach. Da konnte er seine Erfahrung und seine Expertise einbringen, da konnte er selbst sich Ziele stecken, da konnte er all sein Know-how anwenden. Denn das hatte er zweifellos. Holger war mit Leib und Seele Vertriebler. Er brauchte die Herausforderung, er brauchte den Kontakt mit den Kunden, er brauchte es vor allem, gemeinsam mit seinen Kunden maßgeschneiderte Lösungen zu erarbeiten. Dafür konnte er sich Tag für Tag motivieren. Er brauchte dafür keine Incentives, keine Boni so wie bisher. Das hatte er schon mitgenommen, aber im Grunde hatte ihn das nicht angespornt, sondern eher gebremst. Er wollte aus sich selbst heraus handeln, nicht weil andere ihm eine Wurst vor die Nase hielten. Und er wollte auch Mitarbeiter haben, die genauso tickten. Er wollte sein Team nicht ständig antreiben müssen, wie seine Firma das von ihm verlangte. Er hatte da andere Vorstellungen, wie Menschen zusammenarbeiten sollten. Selbstständig und selbstbestimmt, mit viel Eigeninitiative, mit Unternehmergeist, nicht als blinde Erfolgsgehilfen, nicht als Befehlsempfänger. Denn Holger war überzeugt davon, dass sich der Erfolg gerade dann einstellen würde, wenn die Menschen mit Freude und Elan an ihre Aufgaben gingen, weil sie mitbestimmen, weil sie selbst etwas bewegen konnten, weil sie dadurch eine Anerkennung fanden, die ihnen kein Bonus dieser Welt liefern konnte.

Eine kleine, feine Vertriebsorganisation wie die seiner Ex-Kollegen war da genau das Richtige. Denn da hatte er die Chance, selbst so zu arbeiten, wie er es sich wünschte, und etwas zu bekommen, was er bisher kaum hatte: Freiraum für seine Entwicklung, Freiraum für seine Art der Kundenbetreuung, Freiraum, nach seinen Vorstellungen zu arbeiten und ein entsprechendes Team aufzubauen und zu führen. Und das war es, was Holger wollte.

Es war eine Chance, die Holger sich nicht entgehen lassen wollte. Auch wenn das Risiko bestand, dass seine Vision scheitern würde. Auch wenn er einen sicheren Job aufgab. Auch wenn er nicht die Garantie hatte, dass das Unternehmen Erfolg haben würde. Aber wenn er es nicht probierte, würde er sich das vermutlich immer vorwerfen.

Und so einigten sich Anita und Holger darauf, dass es das Risiko wert war. Anita wollte ohnehin gern ihre Stunden in der Schule aufstocken, die sie nach der Geburt der Kinder und nach der Elternzeit heruntergefahren hatte. Damit hatten sie auch finanziell etwas mehr Absicherung, bis die Firma anlief. Und da Holger all die Jahre gut verdient und das Geld gut angelegt hatte, konnten sie auch auf ein finanzielles Polster zurückgreifen. Das sollte also kein Problem sein.

Als sie ein Jahr später mit den Kindern wieder in Spanien waren, dachten Anita und Holger an ihre Gespräche zurück. Sie waren sich einig, dass es die beste Entscheidung ihres Lebens gewesen war. Und dass sie längst über-fällig gewesen war. Nicht nur für Holger, der nun wieder mit Leib und Seele seinen Job machte, der für seine Aufgaben brannte und nach seinen Grundsätzen handeln konnte, der wieder voller Freude und Elan war, der wieder lebte. Das spürte nicht nur er, sondern die ganze Familie, seine Mitarbeiter und Partner. Denn Holger war wieder er selbst.

Uli A. (54)

Ulis Unruhe hielt einige Zeit und über seinen 55. Geburtstag hinaus an. Aber er war nicht der Typ, der das so stehen lassen wollte. Er wollte wissen, was mit ihm los war und was ihn so unzufrieden machte, obwohl doch alles gut hätte sein können. Daher machte er sich selbst zum Geburtstag ein besonderes Geschenk: Uli hatte von einem Kloster gelesen, in das man sich für eine Woche oder auch länger zurückziehen konnte, um sich dort inmitten einer wunderschönen Landschaft und begleitet von Mönchen einer Art Einkehr mit sich selbst zu widmen. Das hatte ihn spontan angesprochen und so hatte er Kontakt mit dem Kloster, das idyllisch inmitten von Weinbergen gelegen war, aufgenommen und sich für zwei Wochen dort eingemietet.

Was ihn im Kloster erwartete, war ein einfaches Leben, ein geregeltes, ein stilles. Es war so völlig anders als sein Alltag mit all dem Wohlstand, der ihn umgab, mit all den Annehmlichkeiten, aber auch mit all den Zwängen und Notwendigkeiten. Hier war alles reduziert, puristisch, konzentriert. Hier gab es keine Ablenkungen, keine Ausflüchte. Hier war man allein mit sich und seinen Gedanken. Mit seinen Wünschen und Sehnsüchten. Mit seinen Träumen, die man vielleicht noch hatte. Hier konnte man sich den Fragen des Lebens stellen. Und genau das tat Uli auch mit Hilfe von Pater Gerold, der ihm von Anfang an sympathisch war und der ihm in dieser Zeit im Kloster zu einem anspruchsvollen Gegenüber und Gesprächspartner wurde. Denn Ulis Fragen drehten sich letztlich um die Sinnfrage, um das, was da noch kommen sollte in seinem Leben, das doch so perfekt war, so vorgezeichnet und doch oft so leer, so beliebig, wie es Uli schien. Dabei ging es gar nicht so sehr um den Sinn des Lebens – das gehörte in den Bereich der Religion und damit in den seines Gesprächspartners –, sondern um den Sinn im Leben, in seinem Leben. Anfangs schämte Uli sich fast, seine Gedanken dazu zu formulieren. War er nicht undankbar? Hatte er nicht unglaublich viel Glück gehabt in seinem Leben? Aber warum konnte er sich dann immer weniger daran freuen, es immer weniger genießen, immer weniger zufrieden und glücklich sein? Warum gab es da dieses Vakuum, in das Uli immer wieder geriet?

Es brauchte viele und sehr lange Gespräche, es brauchte auch viele Spaziergänge in den Weinbergen, bis Uli erste Antworten fand. Bis ihm klar wurde, was ihm fehlte und was er selbst dafür tun konnte, um die Leere zu füllen, die ihm so zu schaffen machte. Uli war nie ein extrem gläubiger Mensch gewesen und sein Aufenthalt im Kloster führte auch nicht dazu, dass er seine Einstellung grundlegend änderte. Das lag auch gar nicht in seiner Absicht und auch nicht in der seines Gesprächspartners, Pater Gerold, was Uli ihm im Übrigen hoch anrechnete.

Und dennoch veränderten diese zwei Wochen Uli. Denn er erkannte, dass er in seinem Leben zu sehr auf sich bedacht gewesen war, auf seine Familie, vielleicht noch auf seine Firma. Aber das war es dann auch schon. Uli hatte, so war sein Eindruck, zu viel genommen und zu wenig gegeben. Er hatte das Glück, das ihm aufgrund seiner Herkunft widerfahren war, zu wenig geteilt. Und das machte ihm zu schaffen. Ein anderer Punkt war der, dass er das Gefühl hatte, zu wenig selbst geschaffen zu haben. Alles war ihm vorgegeben gewesen. Der Weg war vorgezeichnet gewesen, er hatte ihn nur gehen müssen. Uli fehlte etwas, das er und nur er allein geleistet hatte, wofür nicht schon sein Vater oder Großvater den Grundstein gelegt hatten. Er erkannte, dass es an der Zeit war, das zu ändern.

Und als er bei einem seiner langen Spaziergänge wieder einmal darüber nachdachte, was er tun könnte, um seinen Beitrag zu leisten, um etwas von all dem zurückzugeben, was das Leben ihm geschenkt hatte und womit er gleichzeitig etwas Eigenes schaffen konnte, kam ihm plötzlich eine Idee: Wie wäre es, wenn er eine Stiftung gründen würde, die es Kindern aus weniger privilegierten Familien ermöglichen würde, eine solide Ausbildung zu erhalten? Die helfen sollte, diesen Kindern eine Perspektive und die Chance zu geben, aus ihren Fähigkeiten und aus ihrem Leben etwas zu machen. Das Vermögen dafür hatte Uli. Und er kannte genügend Leute aus seinem Umfeld, die ebenfalls mehr als genug finanzielle Mittel an der Hand hatten. Vielleicht ließen sie sich für seine Idee gewinnen und beteiligten sich daran. Je länger er darüber nachdachte, desto mehr Begeisterung spürte Uli in sich. Die Firma brauchte ihn ja im Grunde kaum noch, es war ohnehin bald an der Zeit, das Ruder an seinen Sohn zu übergeben. Denn was er absolut nicht wollte, war, irgendwann der ewige Seniorchef zu sein, der seinen Sohn nicht machen ließ und seine Finger viel zu lange im Spiel hatte. Dass er davor Angst hatte und auch vor der Übergabe, die nun bald anstand, auch das war ihm in dieser Zeit im

Kloster klar geworden. Wenn er aber durch die Stiftung eine neue Aufgabe hätte, wäre das Thema vom Tisch: Ulis Sohn Jürgen könnte die Firma übernehmen, ohne seinen Vater ständig im Nacken zu haben, und Uli hätte eine neue Herausforderung gefunden, die ihm nicht nur Freude machen würde, sondern die von Bedeutung war für ihn und für andere, die Sinn stiften konnte. Und wenn sein Sohn Rat brauchte, war er ja immer noch für ihn da.

Als Uli mit dieser Idee nach Hause kam, war sie schon zu einer Herzensangelegenheit geworden, die ihm neuen Elan verlieh. Und das strahlte er auch aus. Viel Überzeugungskunst war also nicht nötig, um seine Familie, vor allem seine Frau und seinen Sohn, mit ins Boot zu holen. Im Gegenteil: Sein Sohn Jürgen schien fast erleichtert und fühlte sich geehrt, dass sein Vater ihm zutraute, die Firma alleine zu leiten. Er wollte sich nur allzu gern beweisen – auf seine Art. Und Ulis Frau steuerte selbst jede Menge Ideen für die Stiftung bei. Vielleicht war das ja auch eine Sache, die sie noch einmal gemeinsam mit ihrem Mann auf den Weg bringen konnte. Der Funke war jedenfalls auf sie übergesprungen.

Zwischen gestern und morgen.
Oder: Ankommen im Hier und Jetzt

In unserer Vorstellung ist Zeit etwas Lineares. Sie verbindet die Vergangenheit mit der Gegenwart und diese mit der Zukunft. Und im besten Falle verknüpft sie Ereignisse, Geschehnisse, Erfahrungen und Handlungen miteinander. Dann überschlägt sie sich nicht in einem Beschleunigungsprozess, sondern gewinnt an Dauer, an Tiefe, an Sinn.

Was heißt das nun für uns und für das gute Leben, das wir suchen? Es bedeutet, dass es am Ende darauf ankommt, unser eigenes Leben, all die einzelnen Abschnitte darin, die schwierigen Passagen und die einfachen, die leidvollen Erfahrungen und die freudvollen zu einer Ganzheit zusammenzufügen, zu einem narrativen Strang, zu unserer Geschichte zu verknüpfen. Allem, was wir geliebt, geleistet, unter dem wir gelitten haben, Bedeutung zu verleihen und damit Sinn. Frieden zu schließen mit uns und unserem Leben samt aller Widersprüche. Dann sind wir Teil dieser Geschichte und stehen nicht mehr entfremdet in unserem Leben und fragen uns nach dem Woher und Wohin, sondern leben es in jeder Stunde, in jeder Minute. Dann sind wir angekommen im Hier und Jetzt, im Augenblick, in unserer Gegenwart. Dann müssen wir unserem Leben nicht mehr davonlaufen, immer mehr in unser Leben packen, sondern können verweilen und einfach nur sein. Und dann beginnt sie auch wieder zu duften, die Zeit, wie das der chinesische Philosoph Byung-Chul Han so poetisch ausdrückt:

Die Erzählung läßt die Zeit duften. (...) Die Zeit
beginnt zu duften, wenn sie eine Dauer gewinnt, wenn
sie eine narrative Spannung oder eine Tiefenspannung
erhält, wenn sie an Tiefe und Weite, ja an Raum
gewinnt. Die Zeit verliert den Duft, wenn sie jeder
Sinn- und Tiefenstruktur entkleidet wird, wenn sie
atomisiert wird oder sich verflacht, verdünnt oder
verkürzt.

(Byung-Chul Han, Duft der Zeit, S. 24)

Es liegt an uns, unser Leben zu unserer eigenen Geschichte zu machen, jeder Situation – ob schwierig oder
angenehm – Bedeutung beizumessen, ihr Sinn zu verleihen. Das Leben selbst in die Hand zu nehmen, Freiheit
und Verantwortung zu leben, Entscheidungen zu treffen,
so wie Nina oder Holger und all die anderen in den Fallgeschichten. Sie haben Wendepunkte in der Mitte ihres
Lebens genutzt, um innezuhalten, nachzudenken und
ihrem Leben eine neue Richtung zu geben, ihr Leben zu
leben, nicht das der anderen.

Die Voraussetzungen dafür haben wir ausgelotet. Da
geht es immer wieder um Zeit. Zeit, die wir uns nehmen
müssen, um herauszufinden, wovon unsere Geschichte
erzählen soll. Zeit, die wir uns selbst nehmen oder Zeit,
die wir plötzlich zur Verfügung haben, weil wir unseren
Job verlieren oder unser Körper uns ausbremst. Es geht
darum, den eigenen Rhythmus zu finden und vor allem
das rechte Maß. Ein Stück Souveränität über die Zeit – die
Lebens- und die Alltagszeit – zurückzugewinnen.

Es geht auch immer wieder um eine Bestandsaufnahme:
Was passt zu mir, meinen Anlagen, meinen Fähigkeiten,
meiner Person, meinen Werten, meinen Sehnsüchten, meinen Idealen? Und was nicht? Was belastet mich nur, hin-

dert mich daran, mein Leben so zu leben, wie es für mich gut ist und auch für alle um mich herum? Wie viel Besitz brauche ich? Wie viel Geld? Es geht mitunter darum, die Frage »Geld oder Leben?« zu beantworten. Oft nicht in dieser Absolutheit, aber um Abstriche machen zu können und zu wissen, wo wir was entbehren können.

Das betrifft das Außen ebenso wie das Innen: Was ist mir wichtig? Was hat Bedeutung für mich? Welche Bedürfnisse habe ich und welche Werte? Wie sieht sie aus, meine Wertehierarchie? Wo liegen meine Prioritäten? Nach welchen Idealen richte ich mich? Und mehr noch: Was macht mich aus? Wer bin ich und wie sieht er aus, der Entwurf meines eigenen Lebens, meiner eigenen Ziele und Pläne? Wie sieht es für mich aus, das gute Leben? Was gibt ihm Sinn? Was gehört dazu? Und was kann ich selbst dafür tun, um es zu erreichen? Um am Ende sagen zu können: Ich war glücklich. Ich bin angekommen im Hier und Jetzt, im eigenen Leben.

Willkommen im Leben. Oder:
Der Weg ist das Ziel

Endlich die eigene Balance finden, die innere Mitte und sein Selbst – das sagt sich so leicht. Stabil bleiben, auch wenn die Stürme des Lebens uns umtosen. In Wahrheit ist es ein langer Weg. Die gute Nachricht ist: Er lohnt sich, denn er führt zu einem guten Leben. Und hier die schlechte Nachricht: Es ist ein Weg, der im Grunde nie zu Ende ist, einer, der mäandert, der über Umwege führt und manchmal durch ein Tal der Tränen, der aber auch immer wieder Aussichtspunkte bietet, an denen man sein Ziel klar vor Augen hat, der Gipfel für uns bereithält, die wir mit Stolz erklommen haben. Ein Weg, bei dem der Weg selbst das Ziel ist.

Wer also wie gewohnt zielgerichtet von A nach B steuert, wird sich mit dem Gedanken anfreunden müssen, dass es ein übergeordnetes Ziel zwar durchaus gibt und geben sollte, wir es aber nicht immer auf dem direkten Weg erreichen. Ein Ziel ist eine wichtige Orientierungshilfe. Wer es nicht vor Augen hat und auch nicht die vielen Teilziele, die Stationen auf dem Weg markieren, der wird ohne Wegweiser losmarschieren und sein Leben mal rechts, mal links des Weges suchen, aber vor lauter Ablenkungen nicht mehr wissen, wohin er denn nun eigentlich will. Ein Ziel und die Etappen dazwischen, die die Richtung vorgeben, sind gut, hilfreich und wichtig auf dem Weg zum guten Leben. Und doch sollten wir davon Abstand nehmen, immer den direkten Weg zu wählen, immer auf der schnellsten Route unterwegs zu sein, egal wie viel Kraft uns das kostet. Was wir dagegen ganz dringend brauchen auf unserem Weg, ist eine gewisse Flexibilität, eine Offenheit dem Leben gegenüber. Eine Flexibi-

lität, die es uns ermöglicht, immer wieder auf unvorherge-
sehene Ereignisse zu reagieren. Hindernisse werden sich
uns in den Weg stellen, und sie können unüberwindbar
scheinen. Dann müssen wir überlegen, wie wir sie be-
zwingen. Drüber weg oder drum herum? Manchmal müssen wir dann Umwege wählen, weil jeder direkte Weg
allzu viel Kraft und Energie kosten würde, uns mehr schaden als nutzen würde. Wichtig ist dabei allerdings, weder
die Richtung noch uns selbst aus den Augen zu verlieren.
Entscheidend ist, dass wir bei uns bleiben, in jeder noch
so vertrackten Situation. Dass wir nur Dinge tun, die wir
vertreten und verantworten können, dass wir zu uns stehen: zu unseren Fähigkeiten, zu unseren Stärken und auch
Schwächen, zu unseren Kapazitäten, zu unseren Werten,
Idealen, zu unserer Freiheit und unserer Verantwortung.
Uns selbst gegenüber und auch den anderen gegenüber.
Denn auch der, der auf dem Weg zum guten Leben immer
nur auf sich bedacht ist, mit Ellbogen unterwegs ist und
andere vom Weg abdrängt, wird die entscheidende Ab-
zweigung verpassen. Der wird am Ende dennoch mit einem schalen Gefühl auf seinen Weg zurückblicken. Oder
er bekommt noch einmal die Kurve, wenn er sich darüber
bewusst wird, dass er da irgendwas vergessen hat auf seinem Weg.

Es ist also ein langer Weg zur inneren Mitte und zum
guten Leben. Und nicht immer ein ganz einfacher. Einer,
der uns fordert. Und der uns immer wieder Balance abverlangt. Ein Umdenken, Nachjustieren, ein immer neues
Reflektieren. Der erfordert, dass wir unsere Mitte nicht
nur suchen und finden, sondern auch in ihr bleiben. Dass
wir nicht nur einmal erkennen, wer wir sind und was wir
wollen, sondern immer wieder. Dass wir immer wieder
innehalten und nicht nur nachdenken, sondern auch er-

spüren und erfühlen, was das Gebot der Stunde ist. Dass wir in Resonanz treten zu unserer Umwelt, zu den Menschen um uns herum und vor allem auch zu uns selbst. Dass wir immer wieder Verbindungen knüpfen, Zusammenhänge herstellen, auswählen und loslassen. Dass wir in jeder Sekunde präsent sind, aufmerksam und wach. Bereit für das Leben und seine Herausforderungen. Und sie gerne annehmen.

Klingt anstrengend? Ist es auch. Manchmal. Und manchmal ist es leicht. Dann nämlich, wenn wir wirklich bei uns sind, dann, wenn es für uns passt. Dann, wenn wir auf dem richtigen Weg sind. Dann sind wir im Flow, dann scheinen auch Hindernisse uns zwar sportlich zu fordern, aber sie entmutigen uns nicht. Es gehört ein wenig Übung dazu und Disziplin. Wenn wir aber erst einmal ganz grundsätzlich entdeckt haben, worum es geht in unserem Leben, wer wir sind und was wir wollen, was uns wichtig ist und Sinn macht für uns, fällt es von Mal zu Mal leichter, jeden Tag neu zu wählen, sich neu zu entscheiden und danach zu handeln. Dann fällt es uns immer leichter, das Leben zu lieben, etwas zu leisten und auch das Leiden zu akzeptieren, wenn es so weit ist. Einen Bezug herzustellen zu Dingen und Menschen, ihnen Bedeutung und Sinn zu verleihen, sie auszuwählen und als für uns wichtig zu erachten und sie damit der Beliebigkeit zu entreißen. Etwas zu erzeugen und zu erschaffen, was uns gemäß ist, unseren Möglichkeiten und unserem Selbst entspricht. Und letztlich dann auch dem Leiden am Unabänderlichen mit Würde begegnen, ja selbst dem Tod. Weil wir dann sagen können: Wir haben unser Leben gelebt nach unseren Werten und Wichtigkeiten, wir sind uns gerecht geworden und auch den anderen, wir sind uns treu geblieben. Dann können wir sagen, es war schön, unser Leben, und gut und wertvoll und sinnvoll. Es war *unser* Leben, wir haben *unsere* Geschichte erzählt.

Sinn ist etwas Subjektives: Er entsteht aus unseren Deutungen, aus der Bedeutung, die wir Dingen, Menschen und Ereignissen beimessen. Er beruht auf einer subjektiven Lebenswahrheit, die sich in der Wirklichkeit beweisen muss. Geben wir aber einer Sache Bedeutung, treten wir in Beziehung mit ihr. Dann entheben wir sie der Beliebigkeit, heben sie heraus aus dem Ozean der Optionen und treten in Kontakt mit ihr, betrachten sie mit Aufmerksamkeit und Liebe, handeln mit Hingabe und Leidenschaft. Dann haben wir sie ausgewählt. Weil sie zu uns passt, zu unserem Leben, und dazu beiträgt, dass es gut ist. Und somit ist auch das gute Leben etwas Subjektives. Es ist ein Leben, das aus Dingen und Beziehungen und Erlebnissen und Handlungen besteht, die wir als bedeutsam erachten, als wertvoll im besten Sinne. Es ist ein Leben, das stimmig ist, das zu uns und unserem Selbst passt, zu unseren Werten, Fähigkeiten und Vorstellungen, das ausgewogen ist, dem eigenen Rhythmus folgt und dem eigenen Maß gerecht wird, das uns verbindet mit den Menschen und uns nicht entfremdet. Es ist ein Leben, das sich den Aufgaben und Herausforderungen stellt, das sich vor allem immer wieder aufs Neue der eigenen Persönlichkeit stellt. Es ist ein Leben, dessen Weg das Ziel ist.

Die Philosophie der Antike kannte die *Ars Vivendi*, die Lebenskunst. Sie gab Richtlinien, wie man sich verhalten solle und müsse, welche Tugenden man zu pflegen habe, um ein gutes Leben zu führen. Die Forderung oder zumindest der Wunsch nach einer neuen Lebenskunst wird in unseren Tagen immer lauter. Aber so einfach ist es nicht. Es ist der legitime Wunsch nach Orientierung. Dennoch: Das gute Leben kann einem niemand vorgeben, ebenso wie die eigenen Werte oder den Sinn im Leben. Insofern ist auch dieses Buch nur ein Leitfaden, kein Rezeptbuch. Es gibt nicht die allgemeingültige To-do-Liste, die man nur abarbeiten muss, um dann am Ende mit Glück und Sinn belohnt zu werden. Es ist und bleibt ein individueller Akt. Was wir dafür tun können, um dem guten Leben näherzukommen, ist, nicht nur älter, sondern auch erwachsen zu werden, ein bewusstes Leben zu führen, Freiheit und Verantwortung zu übernehmen, Wichtiges zu erkennen und danach zu handeln. Nicht einmal, sondern immer wieder.

Und am Ende werden wir dann vielleicht sogar mit einem Gefühl belohnt, das meist flüchtig ist, das so viele suchen und doch so wenige finden. Das weder zu kaufen noch auf dem direkten Weg zu haben ist. Dann haben wir vielleicht das Glück, Glück zu empfinden und Freude zu finden. Über den Moment hinaus und auf Dauer. Dann haben wir in unserem Leben nicht nur genommen, sondern auch gegeben. Dann sind wir über uns hinausgewachsen, haben geliebt und sind geliebt worden, haben etwas geschaffen und damit der Welt etwas zurückgegeben von unseren Begabungen, haben gelitten und sind doch nicht gestrauchelt. Dann haben wir Abschied genommen vom Ego und sind zu uns selbst zurückgekehrt. Und können uns selbst bejahen, die Menschen und das Leben in seiner Fülle. Mit allem Schönen und allem Schrecklichen. Dann können wir der Leere und Sinnlosigkeit etwas entgegenhalten, wie Ariadne von Schirach schreibt:

*Ohne Werte, Ziele, Gründe, die wir der Leere, die wir
in uns finden, entgegensetzen, landen wir in einer
Hölle nicht nur ohne Gott, sondern auch ohne
Menschlichkeit. Sich am Guten aufzurichten trotz allen
Scheiterns und aller Vergeblichkeit befreit von der
narzisstischen Totalität. Alles, was dem Leben
Bedeutung verleiht, reicht über das Ego und seine
Bedürfnisse hinaus.*

(Ariadne von Schirach, Du sollst nicht funktionieren,
S. 178 f.)

Das alles setzt nicht voraus, dass wir Symphonien komponieren oder Wolkenkratzer bauen, es reicht genauso, wenn
wir unsere Mitarbeiter gut behandeln und ihnen gerecht
werden oder unsere Kinder zur Verantwortung erziehen.
Das setzt auch nicht voraus, dass wir ständig versuchen,
uns zu optimieren und zu perfektionieren. Ganz im
Gegenteil: Allzu hoch sollte der Maßstab nicht gesetzt
sein, allzu überzogen sollten unsere Erwartungen nicht
sein, sonst kippt das Glück ins Unglück. Wir brauchen
nicht immer noch höhere Ansprüche, immer noch mehr
Selbstoptimierung, sondern wieder ein echtes Empfinden
von Tiefe und Qualität, von Wert und Bedeutung. Da sind
wir wieder beim rechten Maß, das wir für uns finden müssen. Und wir sind bei der Mühe, die wir uns schon machen
sollten: herauszufinden, was uns wichtig ist, was für uns
Bedeutung hat und damit Sinn. Jeden Tag und bis zum
letzten Atemzug. Unser eigenes Leben zu leben, das zu
uns passt. Das stimmig ist, das über unser Ego hinausreicht und das Du miteinbezieht. Auch wenn es nicht
perfekt ist, sondern so manches unvollendet bleibt. Wir
sollten versuchen, stets bei uns selbst zu bleiben, auf unserem Weg, der das Ziel ist. Dann beantwortet sich am Ende

vielleicht auch die Frage: Wozu das Ganze? Wofür leben wir? Ariadne von Schirach findet darauf eine einfache Antwort: »(...) für das Leben. Für alles, was wir gemeinsam tun und erfahren, für Risiko und Leidenschaft und Hingabe. Für die Schönheit, für die Tapferkeit und für die Liebe.« (Ariadne von Schirach, Du sollst nicht funktionieren, S. 179)

Diese Antwort ist ebenso einfach wie einzig. Und ihr ist nichts hinzuzufügen. Willkommen im Leben.

Nachwort

2013 erschien ein Buch, das schnell die Bestsellerlisten stürmte: Bronnie Wares Erfahrungsbericht »5 Dinge, die Sterbende am meisten bereuen«. Die ehemalige Sterbebegleiterin zählt darin fünf Versäumnisse auf: zu viel gearbeitet, zu wenig seinen Gefühlen Ausdruck gegeben, den Kontakt zu Freunden verloren und sich zu wenig Freude gegönnt zu haben. Das alles kommt uns bekannt vor und bestätigt einmal mehr, wie stark Arbeit und Beziehungen Einfluss auf ein gelingendes Leben haben, wie sehr auch Bedürfnisse und Gefühle am Ende zählen. An erster Stelle aber steht: »Ich wünschte, ich hätte den Mut gehabt, mir selbst treu zu bleiben, statt so zu leben, wie andere es von mir erwarteten.« (Bronnie Ware, 5 Dinge, die Sterbende am meisten bereuen, S. 61) Darum geht es also am Ende den meisten Menschen, sich selbst treu geblieben, dem eigenen Weg gefolgt zu sein, auf die innere Stimme gehört zu haben. Es lohnt sich demnach, sich auf die Suche zu machen und zu erkennen, was uns wichtig ist, damit wir unseren Weg wählen und uns treu bleiben können, sich von den Erwartungen der anderen und den eigenen überzogenen Maßstäben zu befreien und, so weit es eben geht, das eigene Leben selbst zu bestimmen. Den eigenen Rhythmus im Leben zu finden und das rechte Maß. Unser Selbst und unsere innere Mitte zu finden und in Balance zu bleiben. Zu erkennen, wer wir sind und was wir wirklich wollen. Unsere Fähigkeiten auszuloten und sie zu entfalten, unsere Gefühle und Bedürfnisse nicht zu verleugnen. Die Freude und das Miteinander zu entdecken und zu genießen. Zu wissen, was wir vom Leben wollen, und mit einer gewissen Demut zu erkennen, was das Leben von uns will. Uns an uns selbst zu orientieren und am anderen. Und sich dem Leben zu stellen.

Die Begrenztheit des Lebens ist uns dabei behilflich, den Sinn des Lebens zu finden, denn nur was endlich ist, besitzt auch einen Wert für uns. Wir können nicht alles haben, nicht alles erleben, nicht alles erfahren. Nicht jede Möglichkeit ergreifen, nicht jede Option ausschöpfen. Aber das ist auch gar nicht nötig. Viel wichtiger ist es, zu erkennen, was für uns Bedeutung hat, was für uns stimmig ist und passt. Welche Lebensmöglichkeit unsere ist und sie zu einer Lebenswirklichkeit zu machen. Das herauszufinden und auszuwählen, manch anderes dafür loszulassen, das ist die Aufgabe. Und manchmal auch die Kunst. Lebenskunst besteht darin, sich über die eigenen Möglichkeiten klar zu werden und bewusst sein Leben zu gestalten. Fertige Lösungen gibt es dafür nicht, und auch dieses Buch bietet keine. Was auch immer genau für uns Sinn macht, was auch immer für uns zu einem guten Leben gehört – es liegt an uns selbst, es herauszufinden. Es liegt an uns, uns auf den Weg zu machen, an uns, der Autor unseres Lebens zu werden und unsere Geschichte zu erzählen. Die Geschichte eines guten und gelungenen Lebens, eines voller Sinnhaftigkeit, voller Stimmigkeit. Eines Lebens, das eine Balance zwischen innen und außen hergestellt hat, das die wichtigsten Bereiche unseres Lebens ins Lot gebracht hat und uns auf eine Resonanz in der Welt einschwingen hat lassen. Eines Lebens, das Schönheit ebenso aushält wie Schrecken, das manchmal die Gegensätze zu vereinen weiß und das sich trotzdem nicht aus dem Gleichgewicht bringen lässt. Ein Leben, in dem wir uns selbst wiedergefunden haben.

Zu spät ist es dafür nie.

Dank

Kein Mensch führt ein Inseldasein, und so ist auch dieses Buch zwar allein mit mir am Schreibtisch entstanden, lebt aber doch von den Erfahrungen und Erlebnissen, den Gesprächen und der gedanklichen Auseinandersetzung mit anderen. Ihnen allen sei an dieser Stelle herzlich gedankt: meinen Klienten und Kollegen, meiner Familie und meinen Freunden. Selbstverständlich auch meinen Freunden, den Büchern, und ihren Autoren, die mir immer wieder neue Erkenntnisse schenken und deren Gedanken Eingang in dieses Buch gefunden haben.

Mein besonderer Dank gilt Rita und Michael Märkl für ihr wertvolles Feedback und ihre innige Begleitung von der ersten Idee an, Birgit Hagmann, Carola Feddersen und Wolfram Friedrich für viele Gespräche und ihre Unterstützung, Dr. Petra Bock und Kara Pientka, von denen ich sehr viel gelernt habe und die Vorbilder für mich wurden, Linda Caggegi und ihren Kolleginnen und Kollegen aus dem Kreuz Verlag für ihr Engagement und nicht zuletzt vor allem Thilo Lakner und Iris Kittsteiner, die mir selbst im Weihnachtstrubel und während der Grippewelle noch mit vollem Einsatz wertvolle Hinweise gegeben und mich dadurch ganz entscheidend weitergebracht haben. Vielen Dank!

Gewidmet ist das Buch der Erinnerung an meine Eltern. Sie haben mir gezeigt, wie schön das Leben ist, was es bedeutet und worauf es ankommt. Und dafür bin ich jeden Tag dankbar.

Literaturverzeichnis

Bock, Petra: Die Kunst, seine Berufung zu finden, S. Fischer, Frankfurt a. M. 2005

Bock, Petra: Mindfuck. Warum wir uns selbst sabotieren und was wir dagegen tun können, Droemer Knaur, München 2011

Csiksentmihalyi, Mihaly: Flow. Das Geheimnis des Glücks, Klett-Cotta, Stuttgart 2010

Daniels, Katharina; Engeser, Manfred; Hollmann, Jens: Sieg der Silberrücken. Beruflicher Richtungswechsel in der Lebensmitte. Zehn Neustarter verraten ihr Erfolgsgeheimnis, Linde, Wien 2013

Fenner, Dagmar: Das gute Leben, de Gruyter, Berlin 2007

Frankl, Viktor E.: Der Mensch vor der Frage nach dem Sinn, Piper, München 1985

Geißler, Karlheinz A.: Alles hat seine Zeit, nur ich hab keine. Wege in eine neue Zeitkultur, Oekom, München 2014

Geißler, Karlheinz A.: Zeit – verweile doch... Lebensformen gegen die Hast, Herder, Freiburg 2000/2008

Geo Wissen Nr. 50: Die Lebensmitte. Zeit des Umbruchs, Zeit des Aufbruchs, Gruner + Jahr, Hamburg 2012

Geo Wissen Nr. 53: Was gibt dem Leben Sinn?, Gruner + Jahr, Hamburg 2014

Gross, Werner: ... aber nicht um jeden Preis. Karriere und Lebensglück, Kreuz, Freiburg 2010

Grün, Anselm: Führen mit Werten. Ethisch handeln – Herausforderungen bewältigen, Olzog, München 2009

Hänsel, Markus; Matzenauer, Anna (Hg.): Ich arbeite, also bin ich? Sinnsuche und Sinnkrise im beruflichen Alltag, Vandenhoeck & Ruprecht, Göttingen 2009

Han, Byung-Chul: Duft der Zeit. Ein philosophischer Essay zur Kunst des Verweilens, transcript, Bielefeld 2009

Jung, Carl G.: Kleines Lexikon der Analytischen Psychologie, Patmos, Ostfildern 2013

Kondo, Marie: Magic Cleaning. Wie Wohnung und Seele aufgeräumt bleiben, rororo, Reinbek 2014?

Küstenmacher, Werner Tiki; Seiwert, Lothar J.: Simplify your life. Einfacher und glücklicher leben, Droemer Knaur, München 2008

Längle, Alfried: Sinnvoll leben. Eine praktische Anleitung der Logo-therapie, Residenz Verlag, St. Pölten, Salzburg, Wien 2007

Münchhausen, Marco von: Wo die Seele auftankt. Die besten Mög-lichkeiten, Ihre Ressourcen zu aktivieren, Goldmann, München 2006

Neu, Hajo: Weniger arbeiten, mehr leben. Strategien für konsequen-tes Downshifting, Campus, Frankfurt a. M. 2003

Opitz, Florian: Speed. Auf der Suche nach der verlorenen Zeit, Goldmann, München 2012

Pörksen, Bernhard; Schulz von Thun, Friedemann: Kommunikation als Lebenskunst. Philosophie und Praxis des Miteinander-Re-dens, Carl-Auer, Heidelberg 2014

Rosa, Hartmut: Beschleunigung. Die Veränderung der Zeitstruktu-ren in der Moderne, Suhrkamp, Frankfurt a. M. 2005

Rosa, Hartmut: Beschleunigung und Entfremdung, Suhrkamp, Ber-lin 2013

Schechner, Erich: War's das? Die Sinnfrage in der zweiten Lebens-hälfte, Kösel, München 2013

Schmid, Wilhelm: Dem Leben Sinn geben, Suhrkamp, Berlin 2013

Schmid, Wilhelm: Gelassenheit. Was wir gewinnen, wenn wir älter werden, Insel, Berlin 2014

Schmid, Wilhelm: Glück. Alles, was Sie darüber wissen müssen, und warum es nicht das Wichtigste im Leben ist, Insel, Frankfurt a. M. und Leipzig 2007

Schirach, Ariadne von: Du sollst nicht funktionieren. Für eine neue Lebenskunst, Tropen, Stuttgart 2014

Seiwert, Lothar J.: Wenn du es eilig hast, gehe langsam. Mehr Zeit in einer beschleunigten Welt, Campus, Frankfurt a. M. 1998/2012

Sheehy, Gail: New Passages. Mapping Your Life across Time, Bal-lantine Books, New York 1996

Sheehy, Gail: Understanding Men's Passages. Discovering the New Map of Men's Lives. Random House, New York 1998

Sponagel, Wiebke: Runterschalten! Selbstbestimmt arbeiten – gelas-sener leben, Haufe, Freiburg 2011

Sprenger, Reinhard K. (Hg.): Performer – Führen geht heute anders. Geld oder Leben. Was uns wirklich antreibt, Campus, Frankfurt a. M. 2014

Ware, Bronnie: 5 Dinge, die Sterbende am meisten bereuen. Einsich-ten, die Ihr Leben verändern werden, Arkana, München 2013